Paula López Espinosa

La JOYA de tu ALMA

Arcopress • Desarrollo Personal
Dirección editorial: Pilar Pimentel
Diseño y maquetación: Fernando de Miguel

www.editorialalmuzara.com
pedidos@almuzaralibros.com - info@almuzaralibros.com

Editorial Almuzara
Parque Logístico de Córdoba. Ctra. Palma del Río, km 4
C/8, Nave L2, nº 3. 14005 - Córdoba

Imprime: Liberdúplex
ISBN: 978-84-10521-08-7
Depósito Legal: CO-323-2024
Hecho e impreso en España - *Made and printed in Spain*

*Dedico cada vivencia, cada palabra, cada lágrima,
cada caída y cada aprendizaje a todas aquellas almas
que, a través de mis reflexiones espirituales,
me han regalado el privilegio de tocar sus vidas
para inspirarlas.*

*Dedico esta obra a mis hijos: Verónica, Simón y Valerie.
Gracias por ser el motor que impulsa mi existencia
y la fuerza que nutre mi alma cada día.*

Nuestras almas laten fundidas en una sola...

Sumario

Prólogo

Por Mario Alonso Puig

Paula López Espinosa nos narra en *La joya de tu alma* no solamente su historia de superación personal, sino también la manera en la que ha acompañado a diferentes personas a transitar por sus «noches oscuras».

Todo ser humano, en algún momento de su vida, pasa por momentos de gran dificultad que pueden parecer insuperables. Por otro lado, las heridas que portamos por no habernos sentido suficientemente valorados o queridos tienden a extenderse por la línea del tiempo, de tal manera que aquello que ocurrió en la niñez sigue teniendo una presencia activa cuando se es adulto. Pocas personas ven que, «más allá de la cruz, está la luz».

Paula recurre, entre otras fuentes, a la logoterapia de Viktor Frankl, al eneagrama y, sobre todo, a la psicoterapia del espíritu para crear un método de transformación personal basado en su experiencia como terapeuta y joyera, con el que manda al lector un mensaje de serenidad, ilusión y confianza, precisamente en esos momentos en los que más se necesita.

Su método, *La joya de tu alma*, ofrece un camino para trascender nuestra personalidad y entrar en contacto con nuestra verdadera esencia, nuestro ser, un ser que es individual y a la vez universal, de la misma manera que cada ola es distinta; sin embargo, todas, sin excepción, forman parte del mismo océano.

Paula López Espinosa nos cuenta, a través de los múltiples «valles oscuros» por los que ha transitado, la manera en la que, utilizando aquellos recursos que expone en este libro, logró salir de ellos reforzada, y sin perder la sonrisa. Siempre es más fácil tomar el papel de una víctima y culpar a los demás por esas heridas que se llevan en el alma. Hace falta un gran coraje, una enorme determinación y una gran fe para tomar responsabilidad sobre la propia vida. Solo así, incluso las heridas más profundas van sanando poco a poco hasta dejar, simplemente, una determinada cicatriz como testigo de lo que una vez fueron.

Todos nosotros hemos de recordar, cuando nos enfrentemos a momentos de tristeza, miedo, duda y confusión, que nunca caminamos solos. El universo, Dios, camina a nuestro lado. Únicamente nuestra soberbia puede evitar que su extraordinario poder entre en nuestras vidas, iluminando lo que hasta entonces tan solo era oscuridad. Paula López Espinosa invita al lector a abrirse a la posibilidad de que, donde parece que tan solo hay un muro, aparezca un camino y que, como dice el poeta, «en todo invierno que soporta el corazón, hay una primavera a punto de despertar y, detrás de la noche más oscura, está la promesa de un precioso amanecer».

Mario Alonso Puig

La joyera del alma

Durante mi época como joyera, dedicada al diseño y comercialización de diamantes, me encontré con una gran encrucijada: el cansancio emocional, la desesperación y la destrucción de mis vínculos afectivos…, lo que me llevó a perder mi paz interior y el sentido de mi vida. Comencé a excavar en mi interior hasta encontrar mi joya más preciada: mi alma. Fue entonces cuando recibí una poderosa inspiración divina para crear esta analogía que hoy te comparto, que identifica el alma con un diamante que debemos aprender a pulir.

Cuando los gemólogos examinamos un diamante, este debe estar tallado a la perfección por un experto tallador quien, a través de un delicado y arduo trabajo, lo talla en múltiples facetas. Su objetivo es conseguir que la luz penetre en su interior y que cada una de estas facetas refleje hacia el exterior sus hermosos destellos. Un diamante bien tallado debe lucir blanco y cristalino, pero, por lo general, cuando es extraído de las minas, está opaco y sucio, lo cual impide que pueda brillar. Lo mismo ocurre con nuestra alma una vez la encontramos; su luz está obstruida por heridas e impurezas emocionales que debemos ser capaces de reconocer cuando hacemos un escáner del alma.

Un escáner del alma es esa radiografía con la que detectaremos cada una de las fracturas internas y cada una de las grietas en las que, muchas veces, se incrustan los negros carbones.

Esta obra es fruto de pequeños milagros que se fueron gestando a lo largo de muchos años, a través de los cuales me fui transformando y fui puliendo mi alma, tal y como se pule un diamante.

Al igual que el protagonista del libro *El monje que vendió su Ferrari*, yo dejé una exitosa carrera como diseñadora de joyas y experta en diamantes para dedicarme a excavar en mi interior. De esta forma encontré mi roca carbonatada en bruto, mi alma; me atreví a atravesar altas temperaturas y presiones, para después aprender a quitarle todo el material oscuro que le sobraba y que le impedía brillar. Me dediqué, durante más de dos décadas, a investigar el motivo por el que las personas sufren sin lograr romper el ciclo de dolor; me convertí en camillera de almas, en maestra talladora de esos diamantes espirituales que, poco a poco, comenzaron a brillar. Por eso mi primer libro se tituló *Tu alma: una joya para pulir,* pues todos debemos aprender a pulir nuestra alma, esa joya que llevamos dentro.

Solo tú puedes decidir de qué lado quieres vivir: si en la luz o en las tinieblas. Siento, con gran firmeza interior, que mi vida tiene un propósito espiritual, así como la tuya y la de cada ser humano. Ese propósito espiritual es la tarea que estamos llamados a cumplir durante nuestra existencia terrenal y corporal. También es la respuesta que debemos dar a cada pregunta existencial que surge tras cada uno de esos escollos que nos encontramos en el camino de la vida; ¿qué vas a hacer con esa situación que tanto te agobia y te aturde? Esa situación, al igual que tu vida, tiene un propósito espiritual, una tarea existencial.

Existir duele. Desde que somos arrojados al mundo, empezamos a sobrevivir con llanto y temor; es parte de la divinidad presente dentro de ti: es tu centro sagrado, tu más invaluable e imperecedera riqueza interior. Entonces, si es algo tan bello y preciado, ¿por qué duele?, ¿por qué sangra?, ¿por qué sufre?, ¿por qué grita hasta asfixiarte? El dolor no viene para que sufras; viene para que cambies. Mi alma ha trasegado por caminos inseguros, oscuros, peligrosos, solitarios..., pero, cuando salgo de cada túnel hacia la luz, comprendo que es el único camino hacia el alumbramiento de la verdadera sabiduría interior.

La sabiduría no es más que dolor curado. Atrévete a romper tus cadenas y a encontrarte con la oscuridad. Tu alma pone a tu disposición ese GPS sagrado al que llamamos «intuición», que es nada menos que la voz de tu poder superior, tu creador, tu Dios.

Mi píldora para el alma

**Tu intuición es el GPS de tu espíritu;
te señala la ruta que te conduce a la plenitud.
Es la voz silenciosa del alma.**

Puedes taparte los oídos para intentar no escuchar los gritos de tu alma, pero, a medida que vas andando por el sendero de tu vida, tu alma se retuerce, llora y grita cuando no vives acorde con tus valores espirituales; hasta que llega un día en el que caes al suelo de cara, reventado por dentro en mil pedazos. Este es el momento sagrado en el que iniciarás el camino espiritual desde tu aniquilación hasta tu esclarecimiento o iluminación. Será tu resurrección.

Hazte las siguientes preguntas existenciales para que, desde las respuestas profundamente sentidas, puedas diseñar tu ruta de navegación. No te preocupes; yo te acompaño.

Preguntas existenciales:

¿Qué quieres?

¿Quién lo quiere? ¿Tú? ¿O es lo que los demás desearían por ti y para ti?

¿Qué estás dispuesto a hacer para conseguirlo? ¿A qué estás dispuesto a renunciar?

¿Cuándo lo harás? Si no lo haces aquí y ahora, ¿cuándo?

¿Quién has sido estos últimos años? ¿Te gusta esa versión de ti mismo? ¿Es tu mejor versión?

Si la respuesta es «no», ¿qué quieres modificar para que, si te visualizaras a ti mismo en una película que contase tu historia, te llenaras de satisfacción y autorrealización?

Para hacer este ejercicio espiritual, vamos a bucear en las profundidades de nuestra alma para, así, ver hacia dónde ella realmente quiere dirigir nuestra existencia, y así diseñaremos juntos este «mapa de navegación» que te conducirá hacia tu ideal de vida feliz, plena y serena, que tu alma tanto anhela que experimentes.

Pon la lupa de tus ojos espirituales en cada una de las facetas de tu alma, de igual modo que los joyeros y gemólogos ponemos nuestra lupa en un diamante para descubrir, al agrandar la imagen, las impurezas que este lleva dentro. Así podrás encontrar las inclusiones, los negros carbones y las imperfecciones que obstruyen el paso de la luz que tu creador te emana desde su sagrado corazón. Apártate entonces del mundo caótico en el cual batallas por sostenerte en equilibrio; sal del refugio en el cual has decidido esconderte para proteger tu alma, pues alcanzarás la iluminación cuando logres mantener tu luz interior, aun viviendo en el mundo de tinieblas que te rodea.

Aprender a dominar los caballos desbocados de tu mente; practicar el arte espiritual del desapego, la renuncia del poder, la renuncia al engreimiento; reconocer las máscaras que cubren tus heridas activas; someter tus miedos; soltar todo tipo de resentimiento; limpiar y purificar tu alma de toxinas emocionales; mantener la humildad espiritual, incluso en momentos de éxito; ver el fracaso como una escuela espiritual; dominar tus sentidos para vivir en modo reflexivo y para dejar de actuar como un animal o encontrar la autonutrición emocional, para no caer en la necesidad de aprobación de los demás; estas son algunas de las tareas espirituales que te invito a realizar para encontrar la felicidad y la plenitud, aprendiendo a pulir las 10 facetas espirituales del alma.

Como joyera de almas, te enseñaré cuáles son estas 10 facetas espirituales y te guiaré, tu mano en la mía, para empezar a pulir tu diamante interior.

Después de más de veinte años de estudios, certificaciones e investigaciones, he creado un método único en el mundo para sanar las heridas del alma y alcanzar la felicidad, a pesar del sufrimiento al que nos somete la vida, pues lo único que podemos controlar en nuestra existencia es cómo respondemos a ella.

Decidí trasegar el camino más vertiginoso que se puede vivir: el camino hacia el propio corazón. Durante mi travesía me encontré con mi propia sombra y me asusté al verla; me encontré con mis heridas y lloré con ellas; me encontré con el silencio y grité hasta fundirme en él. Sentí cómo se desprendía la piel de mi alma y se estiraba hasta tal límite que se fue rompiendo en agujeros, en grandes orificios que la rasgaron hasta dejarla como un trapo viejo y roído, inservible y listo para tirar a la basura. Así es cómo sentía mi cansancio, el de un alma a la que le costaba latir.

¿Cómo restaurarme? ¿Cómo nutrir mi alma cuando las reservas interiores se iban agotando y se iba secando hasta la última de mis células vitales y emocionales? ¿Adónde iba a curarme, a recargarme, a salvarme, a esconderme? Mi alma clamaba refugio, pero ¿cómo pude descubrir mi tarea espiritual y cómo puedes descifrar la tuya?

Descubrí que se podía excavar en el interior de nuestro ser, saliendo de nuestra oscuridad y de la oscuridad que nos rodea: hasta comprender que, detrás de cada llaga de dolor, hay un milagro en gestación; que, detrás de cada roca carbonatada, hay un brillante que aguarda a ser puesto en valor.

Mi método

L a transparencia de tu alma, como la de los diamantes, se forma al ser sometida a una gran presión y a una temperatura extremadamente alta; es decir, que nuestra alma se ilumina cuando se quema por dentro, cuando la sentimos arder.

Es a través del alma que el ser humano puede encontrar su trascendencia y darle sentido a su vida; es a través del alma que el ser humano puede salir de sí mismo y darle valor a su vida dándose a otra alma. Pero, antes de darse a otra alma, debe hacer brillar la suya.

Los diamantes representan el regalo más valioso que podemos ofrecer; nuestra alma pulida, como un brillante, representa el máximo valor espiritual.

En nuestra vida todos encontramos sufrimientos, dolores, traumas y circunstancias que nos sacuden y que, poco a poco, nos van llevando a la tarea espiritual de lograr nuestro pulimento interior.

El proceso de formación de un diamante ocurre a través de miles de millones de años, dentro de una roca fundida en la profundidad de la tierra. Esta roca, sometida a una fuerte presión y a una temperatura de 2000 grados Fahrenheit, se transforma del carbono puro a un diamante.

Un diamante en potencia incandescente es rojo como la sangre y, posteriormente, se vuelve blanco.

Nuestra alma atraviesa presiones terribles cuando se enfrenta a la adversidad y seguramente siente como si soportara la misma presión que los diamantes en su proceso de formación. Nuestra alma sangra y, si la pudiéramos ver bajo la lupa con la que observamos los diamantes, seguramente presentaría esa misma tonalidad, como si de su interior brotara sangre, igual a como se ven los diamantes cuando arden a 900 grados de temperatura. Sin embargo, después de este proceso, como el diamante, nuestra alma se torna blanca resplandeciente y, si no fuera por la presión y por la temperatura, jamás se hubiera transformado; así que esa metanoia del alma para alcanzar su máximo esplendor es igual a la de un diamante: lo que la hace brillar es la presión y el fuego de la vida misma.

¿Será que nuestra alma se ha formado en miles de millones de años? ¿Será que nuestro creador fundió las estrellas para crear nuestras almas de un soplo para enviarnos como meteoritos a la existencia humana?

Estas son preguntas existenciales que podremos hacernos sin encontrar respuesta.

Sí podemos, en cambio, responderle a la vida, cuando ella nos pregunta: «¿Qué vas a hacer con tu dolor?, ¿cómo vas a transformarlo en un diamante?».

Hay personas que deciden dejarla como una insulsa roca oscura que jamás podrá brillar.

Todos tenemos un diamante en potencia en nuestro interior, pero, si no lo sometemos a temperatura y presión, si no excavamos, no lo encontraremos y, si no lo encontramos, ¿cómo vamos a pulirlo?

Cuando ves a una persona que irradia luz, es porque esta luz brota desde su interior; es imposible alcanzar ese potencial sin haber pasado por el fuego y la presión; después, la transformación de ese diamante en bruto a una gema preciosa será posible gracias al trabajo y al conocimiento de un especialista. Cada diamante tallado pasa por las manos de un experto para liberarlo de impurezas e imperfecciones, del mismo modo que, para conseguir nuestra sanación y evolución, hemos de hacernos conscientes del potencial de nuestra alma y aprender a extraer toda su luz, apoyándonos en un experto especialista en el pulimento interior, pues difícilmente se podrá resplandecer sin la guía de quien ya ha trasegado este camino y se ha hecho maestro.

Mi objetivo es enseñarte a pulir el diamante de tu alma, después de haber empezado hace mucho tiempo a pulir el mío, para convertirte así en ese especialista que tu alma tanto necesita para brillar con todo su esplendor. ¡Acompáñame! Te mostraré el camino que he transitado «de gemóloga a joyera de almas...».

1
Formación del diamante: metanoia del alma

1.1. Presión y alta temperatura

Los diamantes se forman a una temperatura de 1500 grados centígrados, y la presión suele superar las 40 000 atmósferas; de igual modo, en ocasiones el dolor soportado en nuestra alma pareciera que superara estas temperaturas y, en realidad, llegamos a sentir que nos quemamos por dentro.

Precisamente esta alta presión y temperatura son capaces de transformar la estructura cristalina del carbón puro en un bello diamante.

1.2. Trabajo extenuante y devastador

Al igual que los diamantes, para llegar a ser una joya muy preciada, solo los mejores dan la talla. Para vivir una vida con sentido y trascendencia, debemos dar la talla y eso solo lo logramos cuando tenemos la decisión contundente de realizar un trabajo extenuante que, en ocasiones, es devastador, pero que nos transformará en un bello brillante.

Nada se transforma en la zona de confort: atrévete a salir de tu cómoda o incómoda pecera, para dar un salto al océano, aunque no hayas nadado en sus profundidades y temas a lo desconocido o a la incertidumbre.

He conocido almas que se quedan encerradas toda una vida en una pequeña pecera, pues es la única que conocen y todas las mañanas reciben las migajas de su comida, lo que les asegura la supervivencia. ¿No crees que es aburrido vivir encerrado en una pequeña pecera solo por miedo al océano?

¿Por qué no te atreves a salir hasta las profundidades del océano de la vida?

Solo ahí podrás descubrir tus más poderosos potenciales.

Para transformar tu roca en un diamante, es fundamental que te atrevas a atravesar el túnel de la presión y la alta temperatura; es decir, debes renunciar a la parálisis emocional, debes decidir salir de esa zona en la que llevas atrapado tanto tiempo, debes estar dispuesto a soportar grandes tensiones emocionales y temperaturas interiores, como si tuvieras una fiebre interior que te quema por dentro, pero que sabes que es pasajera y que tu cuerpo solo alcanzará el balance y el equilibrio cuando consiga vencerla. En el mundo espiritual es así: atraviesas la noche oscura del alma, soportas esa fiebre con templanza interior. Aunque en ocasiones sientas que se te quema el corazón, soportas, luchas, batallas…, hasta que la tensión y la temperatura van cediendo y, poco a poco, vas llegando al equilibrio interior.

Las personas que no evolucionan son las que se quedan quietas, como paralizadas, viviendo una vida infeliz, sin decidir atravesar por este proceso de transformación interior. Aunque duela, aunque arda, recuerda que nada se transforma en la zona de confort. Sin presión, sin tensión en el arco, la flecha no alcanza la distancia máxima en su camino, igual que tu alma.

Para que la vasija de arcilla alcance su máxima belleza y esté hecha a la perfección, debe cocerse a altas temperaturas pues, de no ser así, fácilmente se rompería. Estas son las mismas condiciones que contribuyen a pulir el diamante de tu alma.

La palabra «metanoia» viene del griego y significa 'transformación espiritual', 'meta'; significa 'más allá', 'mente' y 'espíritu'. Se trata también de un proceso psicológico adoptado por Carl Gustav Jung, quien la define como «autocuración».

El diamante es una modificación cristalina del carbono puro, hasta tal punto que el resultado es una gema que brilla con belleza y esplendor; este proceso de la naturaleza puede ser visto también como «metanoia».

Llegará el día en el que puedas abrazar y agradecer tu herida más dolorosa, comprendiendo que fue el punto de partida hacia tu iluminación y liberación. Transforma tu dolor en un talento o virtud que pueda transformar el mundo.

Todos necesitamos vivir un proceso de metanoia, de transformación y de curación. Pero esa es nuestra tarea espiritual; nadie la va a hacer por ti. Yo he recibido, en cientos de talleres y en cientos de consultas, almas rotas a quienes les he hecho el escáner del alma; les he dicho claramente cuáles son sus heridas activas; hemos encontrado de la mano sus condicionantes ocultos y sus barreras internas; hemos visto sus sombras hasta asustarnos, al observar el poder de destrucción que tienen, pero, lastimosamente, hay almas cobardes que, cuando perciben que deben empezar un arduo trabajo de metanoia, eligen quedarse en su cómoda pecera, así esta se haya convertido en una cárcel.

Nuestros consultorios están llenos de citas canceladas por personas que temen iniciar un verdadero proceso de transformación o metanoia y salen a esconderse en sus refugios, temblando de miedo por no sentirse capaces de dar el primer paso. Es una lástima pues, al final, la factura que les pasa la vida es muy costosa y, a veces, impagable. Por esto se dan los conflictos en las familias, los divorcios, las peleas entre padres e hijos, las rupturas afectivas, los maltratos emocionales, las depresiones, las ansiedades, etcétera.

2
Dinamitar

Dinamita tu vida como un minero dinamita una mina para encontrar un diamante.

Para encontrar un diamante precioso, los mineros deben dinamitar un gran territorio. Una vez este ha explotado y volado en mil pedazos, las rocas quedan esparcidas por doquier; es, en ese momento, en el que se pueden encontrar escondidos entre esos restos los más bellos diamantes.

Yo, al igual que un minero en busca de la roca más preciada, dinamité mi vida; lo dejé todo, todo lo que tenía: mis seres queridos, mi casa, mi finca, mi mundo completo... Empaqueté mis pertenencias en un contenedor; lo guardé en una bodega; me despedí de mi mundo, de mi país, de mi gente, de mi familia..., y me embarqué en un viaje en busca de ese diamante que tanto ansiaba tallar. Quizá porque comprendí que yo no era la dueña de todas esas cosas, sino que ellas me poseían a mí y debía ejercer el arte del desapego.

Alcancé a pensar que mis afectos más cercanos harían este viaje conmigo, pero, en el camino, encontramos bifurcaciones ante las que cada uno de ellos eligió seguir su propio camino: mis hijos amados debían continuar con la ruta de sus propias vidas y quien, en ese entonces, era mi esposo eligió volverse y regresar a aquella vida falsa, que yo ya no quería; una vida en la que me encontraba encerrada, engañada, violentada emocionalmente, ahogada, presa y coartada; una vida en la que me sentía como una golondrina queriendo abrir sus alas para volar alto, pero sin darse cuenta de que sus frágiles patitas estaban encadenadas a una rama de hierro que la atrapaban y le impedían el vuelo.

La golondrina no sabía la fuerza que tenían sus alas y, en un momento de dolor e intensa desesperación, aleteó tan fuerte que se convirtieron en alas de oro brillantes e inquebrantables. Continuó aleteando, hasta que logró romper las cadenas de las que ella misma se había hecho presa, salió de su jaula y voló sola, hasta alcanzar la altura del ave fénix, y se fundió con ella.

En su camino atravesó terrores nocturnos, a causa de esas nubes negras que intentaron ahogarla; se sintió perdida y tembló de miedo; se sintió tan abrumada que quiso regresar a su cárcel pues, aunque encerrada, al menos era un lugar aparentemente seguro; se escondió del mundo que la amenazaba, se silenció y, por largos períodos, nadie volvió a escuchar su canto.

Voló, voló y voló, hasta que llegó a una tierra diferente y desconocida; se posó en un árbol nuevo y, cuando dobló sus alas para descansar, se percató de que, en su pecho aún herido, tenía incrustada una roca cubierta de tierra negra, que de vez en cuando desplegaba algún destello de luz, por lo que, a pesar de su oscura cobertura, se podía intuir que era transparente en su interior: tenía en su pecho incrustado un diamante, el cual aún no podía brillar.

La golondrina había encontrado su diamante, no a causa de haber volado miles de kilómetros escapando de su dolor, sino gracias a que comprendió que su diamante siempre había estado ahí, enterrado en su interior; un diamante oscuro, que parecía un negro carbón, pero cuya luz ella ansiaba descubrir.

Tú me dirás: «Pero, ¡Paula!, ¿cómo debo hacer para dinamitar mi vida?».

Pues se trata, precisamente, de dejar morir todo aquello que ya no quieres. Siéntate y, como tarea espiritual, escribe qué es aquello que ya no quieres en tu vida; qué es eso que estás dispuesto a dejar, a soltar, a destruir, a romper; qué es eso que ya no te sirve y que, en lugar de construirte, te destruye; qué es todo aquello (pensamientos, acciones, adicciones, limitaciones, cosas, personas…) que no te impulsa en la vida o, al menos, no hacia la vida que quieres vivir. Tu libertad será real cuando te atrevas a romper las cadenas invisibles de las cuales tú mismo te has hecho preso…

Cuando hay un edificio que tiene mal construidos los cimientos, antes de que se caiga, los ingenieros tienen que dinamitarlo y destruirlo para poder construir uno nuevo. Y es que hay edificios que ya no se pueden restaurar: hay que dinamitarlos por completo y, después, limpiar las ruinas y los escombros para construir un edificio nuevo.

La antigua mina de diamantes Mir en Siberia Oriental, en Rusia, es el segundo agujero excavado más grande del mundo; es tan grande que se forman corrientes de aire capaces de succionar helicópteros por el flujo de aire descendente, razón por la cual este espacio aéreo fue cerrado. El invierno siberiano es tan duro que las extremadas condiciones climáticas hacían imposible la minería; durante el verano, en cambio, este espacio se convertía en un terreno de lodo, pero, aun así, los mineros consideraban que valía la pena afrontar toda esta adversidad para continuar detonando con dinamita la mina, para así poder acceder a la kimberlita.

En mi método te invito a que, a pesar de los devastadores inviernos de la vida y de los veranos que nos sofocan y ahogan la existencia, te atrevas a dinamitarlo todo pues, una vez logres hacerlo, saldrás de los escombros hacia la reconstrucción de la vida que quieres y mereces.

No te quedes viviendo en un edificio con malos cimientos, en el que tu vida peligra pues, tarde o temprano, se irá abajo, causándote una muerte emocional y espiritual inmediata.

Construye tu hogar interior, hazlo de nuevo, sé valiente y no temas, pues de las grandes ruinas renacen los grandes imperios y la sabiduría no se destruye; la sabiduría no es más que dolor curado. A pesar de los estruendos de la dinamita, la golondrina voló y, cuando escuchó el silencio, voló entre el humo gris, lo atravesó, se posó sobre las ruinas y esperó a que brillara de nuevo el sol.

De entre las ruinas brotaron hermosas flores, que buscaron su camino hacia la luz, y ella volvió a ver nacer su jardín, del cual hizo su nuevo hogar, lleno de luz, serenidad y amor; la golondrina rompió sus cadenas y encontró su libertad.

3
Lavado, limpieza y selección

El diamante, como tu alma, pasa por un proceso de lavado, limpieza y selección.
Las rocas han sido fragmentadas y después lavadas, y esos trozos son expuestos a rayos X, los cuales hacen brillar a los diamantes cuando pasan por ellos. El mismo proceso de limpieza espiritual debemos aplicar a nuestra alma; debemos cada día practicar la higiene espiritual, pasando por un escáner para detectar lo que, a simple vista, no se ve.

Imagina que tú no lavaras tu cuerpo en semanas o meses; imagina que tú no hicieras procesos de higiene cada día. ¿Qué pasaría con tu cuidado personal? ¿Cómo se vería tu pelo? ¿A qué olería tu cuerpo y tus dientes?

Lo mismo sucede con nuestra alma: debemos hacer procesos de lavado, limpieza y selección; es decir, desechar aquellos recuerdos, sentimientos, acciones y emociones que no nos dejan brillar. Debemos todos los días hacer nuestra higiene física y espiritual, de tal modo que hagamos esa purga del material tóxico y sucio que nubla nuestra pureza interior.

En las casas del campo, por ejemplo, hay tanques sépticos debajo de las viviendas y estos deben ser limpiados y purificados periódicamente, para que los desechos acumulados no contaminen el ambiente pues, de ser así, estos desechos podridos y estancados contaminarían el aire, el ambiente y todo a su alrededor. Entonces, ¿por qué no hacer lo mismo con ese «tanque séptico emocional» que tenemos en nuestro interior en el cual se van depositando y estancando todas nuestras toxinas y desechos acumulados? No esperes a que esa porquería rebose contaminando todo tu ser; por esta razón es imperativo y necesario que todos hagamos este proceso de lavado, limpieza y selección en nuestra vida espiritual de forma habitual.

La bella y frágil golondrina se percató de que, en su pecho, tenía incrustado un diamante, pero debía extraerlo, lavarlo, limpiarlo y comenzarlo a pulir.

4
La lupa del diamante del alma

Pon la lupa ante tu diamante para detectar las impurezas que le impiden brillar.

Cuando mis consultantes y alumnos de mi diplomado llegan a mí, lo primero que hago es, como los mejores talladores, poner la lupa en el diamante que voy a tallar, para detectar las imperfecciones y todo aquello que le impide brillar.

En mi método lo llamo «lupa del alma». Los médicos del alma, quienes nos dedicamos a los cuidados de la salud espiritual, afectiva y mental, llevamos a cabo un procedimiento parecido al que hacen los médicos del cuerpo y es indagar sobre los síntomas que le impiden al paciente llevar una vida plena y feliz.

Generalmente, lo que sucede es que, cuando tenemos dolencias del cuerpo y del alma, las personas tenemos la tendencia a ignorarlas y seguimos la vida como si nada… ¡Cuánto nos cuesta dar una mirada a nuestro interior…!

Al igual que hay que hacer con los diamantes, hemos de poner la lupa para examinar lo que hay dentro ya que, desde la superficie, jamás podremos ver toda la mugre que hay en su interior.

Seguimos viviendo la vida en automático de modo robótico o mecánico, hasta que llega ese día en el que esa dolencia, bien sea física, afectiva o espiritual, nos duele tanto que nos frena la vida y debemos buscar a un profesional de manera urgente.

Ese es el punto que yo llamo «momento sagrado de transformación»; recuerda esta píldora para tu alma. Una «píldora para el alma» es un pensamiento o reflexión que encontrarás a lo largo del libro, que será medicina para sanar; es una especie de bálsamo espiritual, que elevará tu alma hasta que se funda con la sabiduría que, poco a poco, se irá gestando en tu interior: la sabiduría sagrada del alma.

Cuando estudié Logoterapia, llamada también «psicoterapia del espíritu», aprendí la hermosa técnica del diálogo socrático, utilizado por Sócrates en la antigua Grecia. Sócrates hacía preguntas incómodas y disruptivas a sus conciudadanos, con el propósito oculto de generarles una molestia interior tal que los obligara a reflexionar sobre la vida misma y los llevara a ejercer el recurso espiritual del autodistanciamiento, lo que significa 'tomar distancia de sí mismo' y verse desde fuera, para poderse observar y analizar con objetividad. Sócrates era hijo de una partera; por esto me inspiré en su filosofía, para crear la expresión «partera del sentido» pues es, a través del diálogo socrático, que él ayudaba a las personas a parir el sentido de la vida y de cada una de las adversidades que atravesaban, así como de sus cuestionamientos existenciales.

Un ejemplo de este ejercicio poderosamente espiritual y eficaz es como lo ponía en práctica Viktor Frankl, mi gran maestro y creador de la logoterapia en Viena, Austria: siendo psiquiatra, se reunía semanalmente con jóvenes, quienes acudían a estas reuniones, dado que se encontraban en alguna situación de dificultad emocional o, simplemente, habían perdido el sentido de la vida.

Frankl los llevaba a la autorreflexión y a desviar la mirada a su interior, cuando les hacía la siguiente pregunta incómoda, la cual los confrontaba: «*¿Por qué no te suicidas? Si tu* vida no tiene sentido, si no tienes un porqué o un para qué vivir, ¿por qué no te quitas la vida?».

Esta pregunta generaba en su interior una especie de cortocircuito emocional, el cual los conducía a la respuesta que queremos ayudar a parir los terapeutas. Nosotros somos los «parteros del sentido»; acompañamos a las personas a parir, a dar a luz el sentido de su vida, cuando lo han perdido a causa del sufrimiento y de la adversidad.

Una persona que acompaña a dar a luz el sentido hace una labor parecida al tallador de un diamante, pues ambos ayudan a crear algo luminoso y bello a través del arte del esclarecimiento.

Es fundamental, antes de pulir el diamante, hacer un ejercicio de visualización.

Los talladores usan una lupa especial a través de la cual pueden ver las imperfecciones, es decir, las inclusiones de un diamante; así saben cuál es el material que deben quitar para abrirle paso a la luz y que el diamante se convierta en un bello y resplandeciente brillante.

Una vez la persona ha descubierto los objetivos de vida que quiere alcanzar o, en algunos casos, se ha dado cuenta de su desmotivación, de su pérdida del sentido o hasta, en ocasiones, se se ha hecho consciente de que ha sido conquistada por la tristeza, la ansiedad o la depresión, comprende que debe transformarse.

La invito entonces a que, de la mano, vayamos juntos al cine a ver la mejor película que haya visto jamás. Imaginamos y visualizamos que entramos en un teatro vacío en el que están solo su alma y la mía; le explico que vamos a ver la película de su propia historia, su biografía, en la que esa persona es la protagonista. En esa película verá su vida completa, haciendo énfasis en su infancia y adolescencia, después en los últimos catorce años, los últimos siete años, los últimos tres años, el último año, el último mes y la última semana.

Va a revivir cada uno de los momentos sentidos con más intensidad emocional y va a volver a experimentar la sensación interior que le produjo cada uno de esos momentos; la llevo a conectarse profundamente con cada emoción, cada reacción y cada decisión, tomada o no tomada, desde sus vivencias.

Continúo con mi diálogo socrático: le propongo que lleve la mano derecha sobre el corazón y que, con los ojos cerrados y después de una profunda inhalación, me responda y se responda a las siguientes preguntas:

¿Te gusta la persona que has venido siendo hasta hoy?

Cuando te ves dentro del escenario de tu propia vida, ¿te gusta cómo está viviendo el protagonista de tu historia?

En caso de que la respuesta sea «no», ¿qué es aquello que no te gusta; aquello que te lastima, te duele, te quita la paz?

¿Qué podrías haber hecho diferente?

¿Te gustaría tener la capacidad de gestionar tu realidad de manera diferente?

A través de esta experiencia espiritual de autodistanciamiento, voy acompañando a la persona a parir, es decir, a dar a luz el sentido perdido en su vida, a descubrir cómo y en qué momento dejó de vibrar, de ilusionarse, de vivir en plenitud.

Esta inspección del alma se realiza precisamente para detectar nuestras heridas activas como en los diamantes, al ponerlos bajo la lupa, se descubren las inclusiones.

El arduo camino que recorre un diamante desde su formación, pasando por su extracción y pulimento hasta llegar a convertirse en una hermosa joya o en una gran corona real, es similar a lo que sucede con nuestra alma desde su creación hasta convertirse en la joya real de nuestra existencia.

Es absolutamente indispensable comprender el origen de nuestras heridas activas y el impacto que siguen teniendo en nuestras vidas. Para poder sanarlas, debemos reconocerlas y examinar su origen. Debemos poner nuestra lupa espiritual para reconocer las grietas que tenemos dentro.

Investigando en profundidad el método de Harvard, e implementándolo en mis consultantes, comprobé, caso tras caso, que todos los sufrimientos que experimentamos hoy en nuestra vida adulta tienen un origen en nuestra infancia y adolescencia.

Continúo explicando cómo y por qué.

Para desbloquear nuestro potencial, es fundamental comprender qué son los «condicionantes ocultos» y las «barreras internas», porque esto es exactamente lo que nos bloquea y lo que no nos deja avanzar.

Continuando este viaje espiritual, le pido a la persona que me tome de la mano y que, en un viaje que puede ser doloroso, vayamos a las vivencias más representativas de su infancia y adolescencia, con el objetivo de reconocer aquellos choques emocionales que marcaron su vida. Es en este momento cuando salen a flote los traumas, los miedos, los resentimientos; no habernos sentido valorados, vistos, amados, tenidos en cuenta, y todo aquello que yo llamo «heridas activas».

¿Cómo se forman las impurezas e imperfecciones del diamante del alma?

4.1. La huella espiritual heredada de nuestros padres

El primer ejercicio que formulo es el siguiente:
Trae a tu memoria la imagen de tu padre. Recuerda cuáles eran sus sombras y sus luces; es decir, los defectos de su carácter que te lastimaron y las virtudes que aportaron bienestar e inspiración para tu vida.

Continuamos haciendo el mismo inventario emocional con la imagen de su madre, recorriendo esa historia en la cual reconoce cómo fue su vínculo materno y cómo afectó a su vida, de modo positivo o negativo, y qué vivencias de esa mochila emocional aún está cargando hoy en su historia.

Aquí se hace evidente que somos lo heredado y lo aprendido; esto construye la maqueta de nuestra personalidad. Aquí descubrimos cómo los «condicionantes ocultos» y las «barreras internas» nacen de nuestros miedos, de nuestras carencias, de nuestras vivencias tatuadas en el alma. Aquí palpamos cuál es ese material emocional que le sobra a nuestro diamante interior y que no lo deja brillar. Para pulir ese diamante, entonces debemos tomar acción y la decisión de salir de la cárcel de lo heredado y de lo aprendido; es decir, romper las cadenas de nuestros condicionantes ocultos y de nuestras barreras internas, para transformarnos en lo que decidimos ser.

Al excavar en nuestro interior y poner la lupa en nuestras grietas y fisuras, reconocemos nuestras impurezas e imperfecciones, toda nuestra oscuridad y dolor perpetuado.

Si no nos hacemos responsables de nuestras heridas, nos vamos convirtiendo en legiones de seres heridos que van hiriendo a otros y, así, vamos destruyendo nuestra propia plenitud y la de nuestros seres queridos pues, sin percatarnos, hacemos el mal que no queremos, en vez de hacer el bien que deseamos.

5
Pule y talla las 10 facetas espirituales del alma

Mi método parte de una analogía entre el diamante y el alma. Me dediqué al arte de la joyería durante muchos años y alcancé el éxito profesional y económico que cualquier mujer soñaría; sin embargo, la insatisfacción en mi vida se hacía cada día más evidente. Estaba cayendo en el vacío existencial como consecuencia del cúmulo de dolor que tenía reprimido y no había sanado. He tenido una vida apasionante y aparentemente cómoda y glamurosa, para quien me ve desde la tribuna del mundo exterior, la cual paradójicamente he vivido como una academia espiritual. Emprendí ese camino hacia mi interior para excavar arduamente, hasta que encontré mi diamante y empecé a pulirlo, para sacarle todos aquellos negros carbones que no le permitían brillar como la joya más preciada que era.

Ese es el arte del joyero que, puliendo rocas, logra realzar su belleza. Como dice uno de mis maestros, «puliendo piedras, descubrí diamantes y ahora, puliendo almas, acompaño a revelar la poderosa fuerza del espíritu de las personas».

Suelo encontrarme a diario en mis consultas con seres humanos rotos, que sufren el vacío y la pérdida de sentido, al no ser capaces de resolver y sanar sus dolores más profundos del alma.

Los brillantes no aparecen, de repente, de la nada bellos y tallados; los diamantes pasan por las manos de un experto tallador entrenado en extraer su más lindo brillo. Yo quiero enseñarte a pulir tu diamante, para que puedas disfrutar del esplendor de tu joya más preciada: tu alma.

Para comenzar a pulir un diamante en bruto, el tallador, una vez lo ha lavado, limpiado y seleccionado, lo examina para analizar cuál es el material que le sobra. Para pulir el diamante de tu alma, lo que debes hacer es buscar a un profesional tallador de almas; una persona experta, acreditada y capacitada para que ponga la lupa en tu alma y pueda ver cuál es ese material emocional que debe sacar para comenzar el arte del pulimento interior. Para realizar este proceso de mi mano, puedes entrar en mi academia virtual, en la cual encontrarás mi diplomado *Cómo Pulir el Diamante de Tu Alma*. Como consejo inicial, lo que debes empezar a hacer es detener tu vida y mirar hacia tu interior, para detectar tú mismo qué es aquello que no quieres más en tu vida.

Cuando le pregunto a mis consultantes y alumnos «¿qué quieres hacer de tu vida?, ¿hacia dónde quieres dirigirla?», la mayoría de las personas se sienten abrumadas con esta pregunta y me responden: «¡No sé!».

Entonces reformulo la pregunta y les digo: «Entonces, si no sabes qué quieres de tu vida, ¿qué es eso que no quieres en tu vida?».

La respuesta profundamente sentida te dirigirá hacia reconocer por dónde debes empezar a tallar: qué debes quitar, recortar, extraer de tu vida; es decir, qué debes quitarle a tu diamante.

6
Las 10 facetas espirituales del alma

Escribí, tras muchos años impartiendo y recibiendo terapia, un manual de transformación que se titula *Cómo pulir el diamante de tu alma,* para el cual me inspiré en tres disciplinas de la psicología existencial y del *coaching.* El objetivo es que las personas desarrollen preguntas y respuestas en lo que yo llamo el «cuaderno sagrado», el cual diseñé de modo especial y con mucha dedicación después de más de veinte años de investigación, de cientos de talleres de desarrollo personal impartidos, de innumerables retiros espirituales y tras haber ayudado a más de doce mil personas a realizar y comprender el paso a paso hacia su transformación.

Toda esa valiosa información que recopilé es la base sobre la cual está concebido el libro que ahora tienes entre las manos, en el que te acompañaré en el proceso de pulido de tu diamante interior. Si quieres profundizar, aún más, en la metodología, te invito a ingresar en mi academia virtual.

Para lograr la metanoia total del alma, es decir, la transformación espiritual de tu alma de carbón a diamante y de diamante a brillante, debes pasar ahora a repasar una a una las 10 facetas espirituales del alma; es decir, revisar cómo está cada una de las áreas principales de tu vida y detenerte a trabajar en aquella que tenga más inclusiones internas o grietas que le impidan brillar.

Amor y pareja, familia y amigos, tu espiritualidad, tu salud, tus finanzas, tu trabajo, tus temores, tus sombras, tus máscaras, tus heridas activas…, ¿a cuál de estas facetas debes prestarle más atención para lograr el balance interior, la metanoia; es decir, el equilibrio?

Para continuar, por tanto, con este viaje espiritual, te invito a dirigir la mirada hacia las «10 facetas espirituales de tu alma», con el propósito de que tú mismo vayas dando a luz el diagnóstico de aquello que más te duele: aquellas facetas de tu vida que aún no brillan, aquellas áreas en las que más debes trabajar.

6.1. AMOR Y PAREJA. MI PROPIO RENACIMIENTO

Una estafa emocional vino a enseñarme la poderosa fuerza de mi espíritu

Mi cuerpo yacía desnudo; ya reconocía esas camillas de metal heladas, como aquella ocasión en el Ospedale di Santo Spirito, en una esquina del Vaticano en Roma, pero esta vez me encontraba en un lugar lejano y desconocido: el hospital Ruber de Juan Bravo, en Madrid.

Esa mañana, antes de acabar en el hospital al abrir los ojos, sentí que mi cuerpo ya no habitaba la tierra, que esta vez la muerte sí había llegado para llevarme con ella. Mi agotamiento emocional y físico era tal que ya, en esta ocasión y por primera vez en mi vida, no discutí más con el destino; pensé que quizá, al otro lado de la vida, mi alma por fin alcanzaría sosiego y descanso.

Por fin comprendía ese adagio que dice «su alma descansa en paz». ¡Cuántas veces hemos deseado que nuestra alma encuentre ese lugar de paz, en el que se termine el dolor…!

Tenía que comprobar si estaba inerte y si mi desgarrado corazón aún latía. Entonces, me dispuse a levantarme de la cama, cuando comprobé que estaba totalmente paralizada e inmóvil: no podía moverme ni medio milímetro; estábamos de nuevo ahí tirados mi cuerpo, mi soledad, mi miedo, mi dolor y yo…

Tomé un fuerte impulso para levantarme como fuera, pues estaba sola en casa y el pánico me paralizaba, al sentir que mi vulnerabilidad y mi impotencia gobernaban totalmente mi ser.

Al intentar levantarme, sentí un insoportable dolor que tiraba de los músculos desde mi área cervical hasta la cadera. La sensación era como si una decena de puñales se fueran clavando a lo largo de la columna vertebral hasta la cintura. Soportando este dolor, me levanté como pude para buscar ayuda y me senté en la cama bañada en llanto, para intentar controlar el dolor a través de la respiración, la oración y la quietud interior.

Mi oración brotaba desde las profundidades de mi ser y esa sagrada plegaria recorría mi torrente sanguíneo mientras, poco a poco, me daba fuerzas para resistir.

Al incorporarme, pude ver de reojo, pues no podía voltear la cabeza por el dolor, que en la mitad de mi lecho había un charco de abundante sangre roja y fresca; inmediatamente, mi contractura cervical paralizante aumentó, como respuesta a la parálisis emocional. No entendía nada, no asimilaba nada, estaba como viviendo una película de terror y, lo peor, yo era la protagonista.

Una vez más fui testigo de cómo, cuando sufrimos un choque emocional extremadamente violento, se produce una descarga tan tóxica y devastadora que cada célula de tu ser explota por dentro y hasta puede provocarte un sangrado interno. Este es el resultado de aquellos dolores emocionales que nos sobrepasan, nos desbordan y llegan hasta aniquilarnos. En mi caso, esta vez les sucedió a los 80 centímetros que me quedan de colon, después de tantas cirugías y amputaciones de intestino.

De repente, abrí los ojos y retiré las manos del rostro dolorido y, al levantar la mirada, me vi en el espejo del ascensor del hospital, con mis tres hijos acompañando mi alma; vi en sus rostros tres caras de desconcierto y temor, pues ellos sabían que, cada vez que su madre pisaba un hospital, su vida corría peligro.

Fue ese el momento sagrado de mi transformación, de mi resurrección, de mi esclarecimiento en el cual me dije a mí misma: «¿En serio, Paula? ¿Te vas a morir porque alguien más intenta arrebatarte la vida de modo inconsciente y cruel?».

«¡Levántate y camina!». Resonaban en mi interior esas palabras que Jesús le dijo a Lázaro cuando había muerto, pues esta vez mi historia se parecía a la de Lázaro porque, como él, yo estaba ya muerta y sepultada. Lo hermoso y paradójico es que en mi vida, como en la suya, habría una resurrección.

Era enero del año 2023; había llegado a Madrid después de haber sufrido una colección interminable de pérdidas. Mi alma estaba haciendo maestría tras maestría en duelos: había perdido a mi padre, quien había fallecido hace poco; había perdido a mis hermanos, con quienes no tenía ninguna relación afectiva por un pleito legal en defensa de la herencia que le correspondía a mis hijos y que, como pantera, me disponía a defender; había perdido a mi madre pues, en realidad, nunca la tuve —ella siempre había estado ausente de mi alma y de mi vida—; había perdido mi país, mi casa, mis amigos, todo mi mundo, pues lo había dejado todo atrás con la poderosa decisión de huir de mi tierra, del dolor y de la desolación para volar a España a intentar reconstruirme y empezar de nuevo.

¿Qué haces cuando se derrumba tu mundo y se te desgarra el alma?

Llegó a mí el «síndrome del impostor», esa sensación de que todas mis enseñanzas y mis escritos eran una farsa pues, después de acompañar a cientos de almas a restaurarse y a levantarse de nuevo, mi vida, en cambio, estaba totalmente aniquilada, como una piltrafa humana sin fuerzas, sin esperanzas, sin sentido.

Una noche de esas en las que solo te acompaña Dios y la luna, me embarqué en un vuelo a Madrid, a pesar de mi fobia a los aviones y mi terror a volar sola; ahí me trepé, asfixiada y temblando, pues la claustrofobia se hacía cada vez más galopante, pero ¿cómo? ¿Por qué? Luego, ¿no has volado miles de horas y eres miembro *gold* en las aerolíneas por tantas millas voladas? Sí, sí lo era, pero ese maldito pájaro de hierro me recordaba a los cientos de tubos en los que me habían encerrado en ocasiones amarrada, para hacerme una resonancia magnética en los hospitales desde que era una indefensa bebé, y es que nadie comprende de dónde nacen las fobias y por qué intentan paralizarnos, como pasó esa noche en la que dependía del pájaro de hierro para escapar.

Recé por 10 horas seguidas; le hablé a Dios de mí y de mi intensa necesidad de llegar a un puerto seguro, a un lugar en el que mi vida y mi frágil corazón ya no corrieran peligro. Aterricé en mi amada Madrid y sentí que un viento de libertad acariciaba y consolaba mi alma.

Ocho meses después de mi llegada fue cuando me sentí a salvo; fue cuando mis alas quebrantadas y heridas se comenzaron a abrir para emprender la ruta del ave fénix y, ahí, en medio de ese casi éxtasis espiritual, llegó la estocada final: esa que da un gran maestro de lidia a un toro, cuando le atraviesa todo su ser y este cae muerto en tierra de un solo golpe.

Hacía dieciséis años que estaba al lado de quien, para ese entonces, era mi marido, quien un día en Florencia, Italia, me había jurado ante Dios que me cuidaría y honraría nuestro sagrado matrimonio hasta el fin de nuestra vida. Unas semanas antes recuerdo que, caminando por la plaza de Colón en Madrid, de su mano, yo le decía: «Gracias a Dios, me quedan mis hijos y tú, pues lo he perdido todo, pero mi familia sagrada aún me acompaña y aquí, en Madrid, empezaremos esta hermosa nueva vida; tu mano en la mía, sin más dolor, reclamándole a la vida lo que hace dieciséis años planeamos».

Hoy solo puedo reiterarte y asegurarte que «la vida te da personas, saberes y cosas que, cuando los sientes tuyos, se van, para recordarte que nada ni a nadie posees».

Ese fatídico invierno en Madrid, una mañana helada y gris un amigo del alma de esos de verdad tiene el acto de mayor valentía y honorabilidad que haya conocido jamás. Llama para decirme que mi príncipe azul era un impostor, un estafador emocional y que yo estaba viviendo una mentira, al lado de un tramposo, quien vivía una vida doble con otra mujer quien a, su vez, también estaba casada. Fue entonces cuando mi cuerpo, mi alma y todo mi ser estallaron en mil pedazos, recordándome que nacemos solos y absolutamente solos nos vamos a la tumba, que nunca debes sentirte demasiado feliz ni demasiado seguro ni demasiado cómodo, pues el dolor llega a tu puerta para ponerte a prueba y para enseñarte que, en el ciclo de la vida, mientras estemos vivos, el dolor y la pérdida forman parte de nuestra existencia pero que, a pesar de todo, no tienes otra opción que resistir y seguir caminando, aunque te falten las piernas y luego volar, aunque te falten las alas…

Hay seres humanos que van por la vida como máquinas de hacer heridas y que, tan campantes como aplanadoras emocionales, van aplastando corazones, destruyendo hogares y reventando almas en mil pedazos.

Hay seres humanos que, de humanos, más bien tienen poco, pues viven como si no tuvieran corazón; son como bestias gobernadas por sus impulsos animales que, sin la más mínima consciencia, van pasando por la existencia, dejando a su paso una estela de pena y destrucción.

Los seres adúlteros, promiscuos y deshonestos forman parte de esta tribu de destrucción masiva, espiritual, emocional y social. Al final, son seres que, paso a paso, golpe a golpe, van creando también su propia autoaniquilación, y estoy segura de que viviré lo suficiente como para comprobarlo.

Creo firmemente que la estafa emocional es un delito

Un estafador emocional es quien utiliza el engaño, con el ánimo de producir un perjuicio a otro. Es aquel que utiliza la mentira para defraudar a la persona con quien estableció un compromiso afectivo, basado en lealtad, honestidad, buena fe y confianza.

Todos, en algún momento de nuestra vida, hemos sido víctimas de algún estafador emocional: es una experiencia devastadora y traumática que, además, deja heridas en el alma, en ocasiones imposibles de sanar.

¿Por qué, si alguien te roba el reloj o dinero, podría ir a la cárcel, pero, en cambio, si te roba la dignidad y te destruye la moral, puede seguir tan campante por la vida?

Yo he sido víctima de muchas de estas crudas realidades; por esta razón, desde mi propio dolor y experiencia, me dedico ahora a ayudar a otros a superarlo.

Me he convertido en una activista espiritual que trabaja día a día por defender y restaurar a quienes no tienen voz, pues han gritado tanto de dolor e indignación que sus vidas han caído en la falta de sentido y en la tristeza que genera sentirse solo, pisoteado y abandonado, en medio de una sociedad que no actúa, que no hace nada, por defender la ética y la moral, hasta que esta desgracia le toque a su propia puerta.

Llegué a creer que, en su mayoría, éramos solo las mujeres las víctimas de la infidelidad, de la violencia de género, de la violencia psicológica y física, cuando yo lo experimenté en mi propia piel. Hoy recibo en mi consulta a hombres y mujeres por igual y con las mismas llagas sangrantes de dolor e indignación, pues uno de los dolores más devastadores es el de la traición y, desafortunadamente, el mundo está lleno de personas que imitan los antivalores de Judas.

Esta ha sido otra de las experiencias dolorosas en mi universo de amor y pareja, que será parecido o diferente al tuyo; sin embargo, todo el sufrimiento que experimentamos en el ámbito de nuestra vida de pareja es devastador. Estoy segura de que el primer problema radica en que, cuando elegimos a una pareja, por lo general, suceden algunas situaciones que hacen que muchos aspectos pasen desapercibidos a nuestros ojos. La primera es que idealizamos a la persona y la elegimos desde nuestras carencias o necesidades, creyendo que esa persona que escogemos llenará nuestras expectativas emocionales y, en ocasiones, materiales.

Lo segundo que sucede es que, cuando la vida nos va mostrando los defectos de carácter de esa persona, el enamoramiento nos hace saltarnos muchos semáforos en rojo y, cuando el amor va pasando o, en ocasiones, nos va matando, va saliendo a flote todo aquello que no quisimos ver y que, como si de un globo inflado se tratara, uno puede intentar sumergirlo y esconderlo debajo del agua en una piscina, pero llega el momento en el que no somos capaces de mantener ese globo sumergido y sale a flote, con una fuerza insostenible.

En mi caso, lo que me sucedió fue que elegí a mi pareja en un momento de profunda vulnerabilidad y fragilidad: yo acababa de salir del hospital después de haber sobrevivido a una fuerte crisis de salud; pesaba escasos 47 kilos; tenía el alma y el cuerpo muy débiles, razón por la cual elegí a esa persona como mi aparente tabla de salvación, y comenzar una relación desde este lugar es un pasaporte seguro hacia el fracaso.

Sigue el paso a paso para pulir el diamante de tu alma; de tal modo que, cuando brilles como un brillante, aparezca en tu horizonte la persona correcta, pues lo primero que te sucederá es que aprenderás a elegir desde tus fortalezas y virtudes, no desde tus miedos y debilidades. Cuando comprendas esto, empezarás a caminar en la dirección correcta.

Nunca elijas a tu pareja en medio de una crisis, ni tuya ni del otro, pues será como tratar de llenar un jarrón que tiene fisuras, lo cual hará imposible que contenga nada en su interior; antes, las grietas se irán profundizando, hasta hacerlo partir.

La sombra del ser humano, tarde o temprano, sale a la luz y más cuando se la niega, se la reprime o se la esconde. Todos tenemos sombras, pero ten cuidado: algunas de ellas son letales para la relación de pareja.

Pulir el diamante del alma en pareja cuando los dos están comprometidos es de las experiencias más bellas que se pueden vivir jamás.

Infidelidad, ¿moda o vicio?

La estafa emocional es un delito

6.2. FAMILIARES Y AMIGOS

Mi píldora para el alma

El desafío más importante, después de conocerte a ti mismo, es el de inventarte a ti mismo y, aún más desafiante, el de reinventarte después de una frustración. Una caída es solo un aprendizaje, no una derrota.

Padres, familia y amigos:
Nuestras relaciones de familia y amigos son la mejor escuela de aprendizaje y crecimiento espiritual, en la cual tenemos que aprobar las más difíciles asignaturas para nuestra evolución personal y existencial. Podemos alcanzar la felicidad y la nutrición afectiva que necesitamos para vivir una vida plena, pero también es campo fértil en el cual crecen los conflictos más dolorosos y las guerras interpersonales más crueles, en las que nos vamos desgastando y frustrando a lo largo de nuestra vida por la dificultad que conlleva construir relaciones familiares sanas de

respeto, compatibilidad, empatía y comprensión. En ocasiones, alejarse de los seres queridos puede ser una de las decisiones más difíciles que se tienen que tomar, pero, cuando la falta de respeto y las heridas alcanzan niveles que lastiman tu dignidad, es hora de repensar tu camino. Reflexiona, por un instante, sobre aquellas situaciones familiares que sacan lo peor de ti y que te han causado tantas heridas; piensa en los miembros de tu familia que quizá no hubieras elegido si hubieras tenido esta oportunidad. La fábula de la familia del puercoespín puede reflejar una situación de este tipo y llevarte a reflexionar al respecto:

«Durante la Edad de Hielo, muchos animales murieron a causa del frío. Los puercoespines, dándose cuenta de la situación, decidieron unirse en grupos; de esa manera, se abrigaban y protegían entre sí, pero las espinas de cada uno herían a sus compañeros más cercanos, que eran justo los que ofrecían más calor. Por lo tanto, decidieron alejarse unos de otros y empezaron a morir congelados. Así, tuvieron que hacer una elección: o aceptaban las espinas de sus compañeros, o desaparecían de la Tierra. Con sabiduría, decidieron volver a estar juntos. De esa forma, aprendieron a convivir con las pequeñas heridas del otro».

Esta fábula no está muy lejos de tu realidad ni de la de todas las familias en general. Cuando hay cercanía entre sus miembros, como todos tienen espinas, son lastimados por las de quienes están más próximos. A medida que nos vamos acercando a quienes nos rodean con la intención de calentarnos, sus espinas nos hieren y rozan, incluso de la manera más sutil pero, aun así, dolorosa. La interpretación del mundo y de sus propias heridas es totalmente diferente para cada miembro de tu familia. Es asombroso ver cómo, en una misma familia, aunque todos los hijos han recibido la misma educación, el mismo amor y cuidado de sus padres, cada individuo va tomando caminos y modos de ser absolutamente opuestos; sin embargo, todos están condicionados e influidos por sus experiencias.

¿Cómo trabajarás para lograr la estabilidad que tanto anhelas? Haz un trato contigo mismo, en el que tu bienestar emocional y tu tranquilidad primen por encima de todo. Una vez hayas establecido estas reglas contigo mismo y, después, con ese miembro de tu familia con quien deseas llegar a una relación armónica, es necesario iniciar un diálogo pausado y amoroso: primero, expresa lo que piensas; después, baja ese pensamiento a tu corazón para decirle lo que sientes y, por último, manifiesta claramente lo que necesitas. Recuerda que no es una exigencia: es una petición; esto denota un lenguaje asertivo no violento.

Imagínate la siguiente situación: estás en un aeropuerto, porque acabas de llegar de un viaje difícil y pesado con estos miembros de tu familia. Estáis todos cansados, agotados y con ganas de tener un momento de serenidad. Os encontráis todos frente a la cinta de las maletas y, cuando empieza a salir el equipaje, tú, por amor, empiezas a cargar todas las maletas de los miembros de esta travesía. Cuando te das cuenta, tienes a tus espaldas y bajo tus brazos cinco o seis maletas, las cuales tienen etiquetas con los nombres de cada uno de sus propietarios. En ese momento, te detienes agotado y, ya sin fuerzas, pones las maletas en el suelo y buscas la etiqueta con el nombre de cada dueño: el de tus hijos, el de tus padres, el de tus hermanos, el de tus cuñados, el de tus suegros, etc. Tomas con decisión cada una de estas maletas y, una por una, la devuelves a su dueño. Miras a esa persona a los ojos y le dices por su nombre, tomándole la mano: «Yo te quiero, pero en este momento decido entregarte tu maleta, ya que me es muy pesada y no me corresponde llevarla. Puedo ayudarte un rato; puedo acompañarte, pero la responsabilidad es tuya, pues el equipaje que lleva dentro lo empaquetaste y lo elegiste tú; debes hacerte responsable de su peso». Le das un abrazo y te retiras con amor, sintiéndote más liviano para salir de ese aeropuerto a tu propia vida, cargando exclusivamente tus maletas con el contenido emocional que tú elegiste.

Pero ¿cómo podemos sanar a nuestra familia de heridas dolorosas? Muchos de los problemas que no has logrado resolver tienen su origen en aquello que, inconscientemente, has heredado de tus padres, abuelos, bisabuelos y ancestros, como un legado emocional intangible, del cual en ocasiones no estás tan agradecido ni contento. Una parte muy importante de ti es tu familia: así como heredas el ADN genético de tus antepasados, heredas el ADN emocional, psicológico y espiritual. Creemos que solo heredamos de nuestros padres los rasgos físicos, pero no las maneras de relacionarnos con el mundo. Esta es una herencia familiar oculta y aparentemente invisible. La mayoría de los casos que llegan a mi consulta tienen su origen en patrones de conducta y de pensamientos que vienen como un disco duro instalado en la mente y el alma de las personas, sin que ellas mismas lo hayan elegido o percibido.

Hay una información invisible que se transmite intergeneracionalmente que nos afecta a nivel personal y grupal de modo positivo y negativo simultáneamente. En esta herencia que se nos impone, queramos o no, se encuentran las emociones, los defectos, las virtudes y hasta los traumas de tu familia y es aquí en donde se encuentra la raíz de tus problemas. Si eres agresivo, perfeccionista, depresivo, ansioso, tímido, prepotente, dominante, gruñón o amargado y así sucesivamente, todas estas características tienen su origen en tu herencia familiar, la cual tú tienes la responsabilidad de revisar y sanar, si no quieres seguir transmitiendo esto a tus hijos, nietos y bisnietos. Si cambias tú, cambiarás a tu familia; no esperes a que ese miembro de tu familia cambie para lograr tu felicidad o estabilidad.

Pregúntate hoy: «¿Cómo puedo resolver los conflictos?». Lo primero es identificar el problema; después, pensar: «¿Qué necesito para hallar la solución? ¿Cómo logro la transformación?».

Te daré ejemplos de la vida real que he abordado en consulta. En este caso, es una historia de infidelidad recurrente en una misma familia, una situación que muchas veces viene desde el pasado como una herencia invisible.

Juliana estaba destrozada, pues había descubierto la infidelidad de su marido a través de su hijo. Juan Camilo, un joven de veintitrés años, había cogido el teléfono de su padre para buscar algún dato en internet y, en ese mismo instante, entró un mensaje clandestino que decía: «Te quiero, te necesito y me muero de ganas de verte pronto». Esto sucedió en un almuerzo dominical, donde estaban todos los miembros de la familia compartiendo un día de campo, en una paz aparente y una falsa felicidad.

Empecé a investigar el árbol genealógico de Juliana, para descubrir que esta situación venía a ella por una transmisión heredada y aprendida. Resulta que su madre había sido víctima de engaños por parte de su padre desde que ella era pequeña; situación que se había ocultado y aceptado siempre porque su madre era fiel creyente de que la imagen y el prestigio había que protegerlos y defenderlos, aun dando su propia vida y dignidad por ello. Después revisamos la historia de sus hermanas, y una de ellas era infiel, mientras que la otra era víctima de *affaires* clandestinos por parte de su marido.

Ya teníamos el conflicto identificado.

La solución es reconocer ese equipaje emocional que no te pertenece, pues fue entregado a ti para que tú lo cargues, como si fuera tu obligación por lealtad oculta a tus padres y ancestros.

¿Cómo puedes lograr tu transformación? Entiende que tu legado te ha sido entregado en el momento de tu nacimiento. Ahí es cuando recibes esta herencia invisible que pretende determinar tu camino, tus relaciones y tu vida de éxito o de fracaso; sin embargo, tú no eres únicamente lo heredado y lo aprendido de tus padres. Eres, primordialmente, ¡lo decidido por ti! ¡Así que reprogramarte y sanarte depende solo de ti!

Esta herencia familiar puede llegar a ser agradable o muy desagradable: si es algo positivo que edifica a tu familia, estarás agradecido por ello, pero si, en cambio, es algo que te destruye y te lastima, sentirás un gran rechazo por esto o por algunos miembros de tu familia. Es muy difícil comprender que algún ancestro, a quien ni siquiera conocemos, sea la causa de algún problema que es recurrente en nuestra familia. Por desgracia, en muchas ocasiones, toda esta información está almacenada en esa gran herencia y, como es invisible, vamos cargando con ella sin darnos cuenta. De alguna manera, somos títeres de aquello que nos está dirigiendo en nuestra vida.

La primera actitud que encuentro en mis consultantes es la de «¡pobre de mí! Tengo un conflicto con algún miembro de mi familia a quien no soporto, me hace la vida imposible y yo solo soy una víctima de sus abusos o falta de consideración». La mayoría de nosotros se queda atrapado en este tipo de situaciones toda la vida, pues te puedes divorciar de tu pareja, porque es tu elección, puedes alejarte y dejar de ser amigo o cercano a alguien, pues tú escoges a tus amigos, pero no puedes dejar de ser hermano, padre, madre, hijo o hija. Entonces, ¿qué haces en una situación que no depende de ti? Puedes modificar tu herencia familiar una vez reconozcas el origen de esa situación recurrente en tu historia personal y familiar que te ha hecho sufrir durante décadas y hasta siglos.

En la popular serie turca de Netflix *Mi otra yo,* es evidente cómo, inexplicablemente, todos tenemos secretos familiares vividos por nuestros ancestros que marcan, de modo contundente, nuestro presente. En nuestra familia pasa exactamente lo que pasa en los tanques sépticos que están ubicados debajo de las casas. Imagina que ese tanque séptico adonde van todos los desechos tóxicos de todos los miembros de la familia no se desocupara y no se limpiara jamás. Lógicamente, llegará el día en el que rebose, contaminando todo lo que está a su alrededor. De la misma manera funciona este ejemplo con todas aquellas toxinas, traumas, dolores, adicciones y secretos ocultos de nuestras familias que, si no les hacemos una limpieza profunda, y si no ponemos todo en orden, nos impedirán vivir de un modo equilibrado, secreto y estable.

Honrar a nuestros padres, abuelos, bisabuelos y miembros de nuestras generaciones pasadas es el inicio de la sanación, respetando el orden de la jerarquía familiar, pues inconscientemente hay hijas que hacen de madres y madres que hacen de hijas, maridos que hacen de padres y padres que pretenden ser maridos, hermanos que pretenden ser padres y así sucesivamente; por esto, hay que reordenar el sistema y poner a cada quien en su lugar, hasta las mujeres que se comportan como madres de sus maridos regañándolos y diciéndoles lo que deben hacer.

Las madres que se sienten esposas de sus hijos también llegan a propiciar conflictos muy fuertes en las relaciones de pareja, cuando sienten que pueden mandar, opinar y entrometerse, posicionándose hasta de rivales de sus nueras.

En una familia, cada uno debe cargar con lo suyo; el desorden comienza cuando hay personas que cargan con el equipaje emocional de los demás, aquel que no les pertenece. Cada vez que una persona carga con las maletas de otro, suelta las suyas propias y la obliga a cargar con lo que no le corresponde, lo que genera caos en las familias.

¿Cuáles son los pasos para sanar a tu familia? Honra a cada miembro de tu familia y respeta su lugar; incluye a todos los miembros de tu familia, también a quienes han fallecido y a quienes no han nacido todavía: ellos también forman parte de tu sistema. Agradece y honra la vida de todos; dale a cada miembro de tu familia un lugar digno, incluyendo familia extendida como medio hermanos, todos quienes forman parte de la gran manada.

Hablemos ahora de víctimas y perpetradores. Todos hemos sido víctimas y perpetradores en algún momento de nuestra historia; es decir, hemos sido vulnerados o lastimados. Esto nos lleva a sentir tanto dolor e indignación que, de algún modo, queremos desquitarnos con quien nos lastimó o lo hacemos de manera inconsciente con alguien más, así que el dolor genera más dolor y las heridas generan más heridas. Cuando vemos a un adulto que hiere a otro, reconocemos en él a un niño que fue maltratado o herido en su infancia. Sanar a nuestras familias y sanarnos a nosotros mismos se tiene que convertir en una cadena sagrada de curación de todos los sistemas familiares y sociales de nuestra dolida y rota humanidad. Tienes la gran responsabilidad de romper el ciclo de dolor que haya en tu historia personal y familiar; detente un poco y no sigas en la posición de queja permanente por ser víctima de algún miembro de la familia que no cumple tus expectativas o no te da lo que esperas recibir. Nadie es responsable de tu felicidad más que tú mismo, así que manos a la obra: deja de rechazar aquello que te encarcela, acepta que la vida es una universidad espiritual y la familia es el campus en el cual estás estudiando para aprender. Lo que niegas y rechazas te encadena; lo que aceptas te hace libre.

No puedes cambiar a esa persona que te hace daño; no puedes modificar esa herencia familiar, pero sí puedes abrazar tu dolor y tu realidad personal, comprendiendo que es el punto de partida hacia tu liberación y tu transformación.

Tu libertad será real cuando logres romper las cadenas invisibles de las cuales tú mismo te has hecho preso; así que toma decisiones contundentes para evolucionar, soltar, perdonar, madurar... y recuerda que, cuando tú sanas, sana tu familia y tus próximas generaciones.

Mi píldora para el alma

**Cada miembro de tu familia elige lo que desea.
Tú únicamente tienes poder sobre ti; tu preocupación
por alguien de la familia hará que te desgastes
innecesariamente. Sana en ti aquello que no te deja vivir en
plenitud y la transformación dará frutos en tu familia
y próximas generaciones.**

Yo he aplicado esta cura sagrada del alma en las heridas sangrantes debajo de mi propia piel. A continuación, os contaré más sobre mi vivencia personal.

Cada una de sus bofetadas me reventaba la cara, el alma y la dignidad. Era el año 1984, en medio de una noche helada y oscura. Mi madre, convertida en un monstruoso personaje que yo desconocía, golpeaba la ventana del coche en el que me encontraba; tenía una actitud de violencia y descontrol expresada en gritos que asustaban y estremecían mi frágil y tembloroso corazón.

Aterrorizada, recibía estas ráfagas de hostilidad como fuertes estruendos que me aturdían a través de la ventana. No paraba de vociferar que me bajase inmediatamente del coche y que la obedeciese. Estaba paralizada por el miedo, me temblaban las piernas y sentía gran impotencia por la fuerte sensación de injusticia. Aun así, medio acobardada, me atreví a bajar la ventana del coche ante este ser intimidante, furioso, agresivo, dominante, que parecía sacado de una película de terror. Le grité que se detuviera, tratando de defenderme ante su violencia y agresión, pero no sirvió de nada. No se detuvo; al revés, se encolerizó más y me gritó de nuevo que me bajara. Yo, como un cordero indefenso ante un león enfurecido, recibí tres bofetadas más.

Las heridas que me quemaban la piel se quedaron tatuadas en el alma y se convirtieron en cicatrices perpetuas imposibles de borrar. Yo tenía apenas quince años y, en medio de mi ingenuidad e inocencia, me desgarraba el alma sentir que, sin razón alguna ni justificación, estaba siendo víctima de golpes, gritos, agresiones, rechazo y abandono, pero ¿quién puede tratar de este modo tan despiadado a una niña que, desde que nació, luchaba contra la enfermedad en cada quirófano y en cada hospital? Había vivido desde muy pequeña una difícil situación para una criatura, y esto solo representaba otro modo de violencia contra mi cuerpo frágil y mi fragmentado corazón.

Mi madre, esa mujer que me dio a luz, era quien debía velar por mi bienestar, pero, en cambio, era quien me propiciaba el más terrible de los dolores. ¡Qué paradoja la de la existencia humana! Mi alma ya estaba reseca y cuarteada como una roca rota; intentaba hidratarme con cualquier gota de amor que, para mí, significaba un manantial bendito para saciar mi sed de afecto.

Hay madres que se convierten en tiranas de sus propias hijas; hay madres que, en ocasiones, son luz de la calle y oscuridad de la casa, mientras que las hijas debemos pasar años interminables de dolor y agotamiento emocional, pues se nos ha impuesto que a una madre se la honra y se la respeta como, si por el hecho de ser madres, tuvieran el derecho absoluto de ejercer la autoridad del modo que quieran, porque es el mandato social y divino.

El abandono, la indiferencia, el maltrato, la dureza, la frialdad, la crítica, la ausencia, el dominio, la agresividad y la violencia de una madre son unos de los dolores más espantosos que puede llegar a sufrir una hija, porque la madre es símbolo de todo lo contrario: la madre representa el afecto más puro, más tierno y genuino que existe; por eso, las hijas que pasamos toda una vida siendo víctimas del abuso emocional de una madre narcisista violenta y controladora cargamos en nuestra alma un dolor que nos humilla, nos avergüenza y nos parte la vida, por lo que, desde esta grieta profunda del alma, se crean traumas casi imposibles de soltar.

Mientras día tras día yo intentaba autonutrirme, autocuidarme y resistir a mi dura realidad, se cruzó por mi camino otra alma en pena, la de un joven roto quien, perdido en el desierto de la vida, se aferró a una coja para que lo ayudara a caminar. Yo necesitaba a quién salvar; él necesitaba ser salvado y rescatado del infierno de golpes y violencia en el cual sobrevivía. Así fue como dos almas en pena se hicieron una amalgama de dolor; una melcocha amasada con nuestra propia amargura y desolación, que es de lo que estaba hecho nuestro corazón.

Mi novio apenas tenía dieciséis años y era víctima del alcoholismo de su padre. Desde pequeño, había aprendido en casa que a las mujeres se las amaba, se las acariciaba, se les cantaba canciones románticas y se les regalaba chocolates en forma de corazón por San Valentín. También había aprendido de su padre que el licor anestesiaba el dolor y que atragantarse hasta adormecer la conciencia era la mejor manera de trasegar por una vida carente de sentido. Desde pequeño, intentaba dormirse por las noches mientras escuchaba, en la habitación que estaba debajo de la suya, portazos, gritos y puñetazos. Él, aturdido y asustado, se asomaba y veía a su madre rodar escaleras abajo, arrojada brutalmente por su padre, borracho perdido, como poseído por una fuerza endemoniada que lo convertía en un monstruo a quien él mismo tuvo que enfrentarse en los múltiples intentos fallidos por defender a su madre.

Entre fiestas de adolescentes, en el trasegar de una vida amenazante y vertiginosa, estas dos especies de piltrafas humanas intentaban amarse entre gritos, llantos, golpes y desesperación. Esta forma enfermiza de relacionarse era la representación del amor, pues no habíamos conocido una manera diferente de amar. El amor tiene que doler; si no, no es amor. El amor debe romperte por dentro y por fuera; si no, no es amor. El amor debe hacerte sangrar el alma y el cuerpo; si no, no es amor. Así es como se empezó a tejer en mi vida la enfermedad psicológica de la codependencia emocional, mientras me rompía a mí misma por mantener completos a los demás.

El amor rompió mi vida, quizá lo que quedaba de ella, pues ya había sido destrozada por el desafecto de un hogar frío y vacío en el que deambulaba buscando algunas migajas de cariño. En medio de mi desierto de silencios y soledades, perdida en un bosque de árboles secos y deshojados, se iba marchitando mi adolescencia, aquella con la que soñaba románticamente, pues encontraría mi primer amor. Soñaba con un joven y apuesto príncipe azul que vendría a robarme el corazón, para intercambiarlo por una rosa, pero, en cambio, llegó para rasgarme el alma con sus espinas.

Empezaba a adivinar qué era el amor y cómo sería estar inmersa en sus profundidades azules celestes, como un océano cálido de serenidad. En ese momento, me sentía sumergida en él, sin entender que siempre, en todo océano, por más calmado e inofensivo que parezca, una vez emprendiera el viaje, me encontraría con noches negras de tempestades horrendas que paralizarían mi alma de terror. De todas formas, no tenía mejor opción si quería un poco de amor y compañía, así que debía pagar un alto precio por ella. Con quince años me encontraba ya en altamar y, ni siquiera había subido un salvavidas a mi pequeña y frágil barca, cuando me percaté de que empezaban a salpicar en mi cara esas señales de que se avecinaban mareas violentas de naufragio y tempestad.

Era una noche de fiesta; estábamos cantando y riendo con amigos, pues experimentábamos los primeros sabores de aquellas celebraciones de adolescentes que, por lo general, comienzan con euforia y emoción y terminan empapadas de licor, derramado por el suelo y que corre por la sangre de quienes lo han ingerido hasta la locura y la más absurda desconexión con la realidad. Yo no había tenido un contacto previo con el licor y no conocía tampoco sus alcances de destrucción; veía a mi alrededor cómo las personas se atragantaban a borbotones con ese veneno que, si entrara a mi garganta y a mi esófago, haría estragos, quemándolo y causándome aún más malestar del habitual en mi débil y atrofiada digestión. Las horas de la noche pasaron a gran velocidad, tanto que quienes eran mis amigos y amigas iban poco a poco convirtiéndose en payasos, presos de la más horrenda comedia de terror. Yo no entendía nada; era como si hubieran puesto una película frente a mis ojos en la que todos se iban volviendo títeres estúpidos, poseídos por una sustancia mortal embotellada, como si fuera un conjuro maléfico que los iba embriagando y llevando hacia la más baja decadencia y desolación. Me sentía asustada; quería salir corriendo, pero ¿cómo? ¿Con quién? ¿Hacia dónde? Tenía apenas quince años y me enfrentaba al mismo temor y abandono que había experimentado esa noche en aquel nefasto hospital italiano.

Estábamos todos sentados en un banco de esos largos; a mi lado, se encontraba aquel príncipe azul de apenas dieciséis años de quien me había enamorado por primera vez. A medida que las horas corrían bañada en lágrimas, tentaba suplicarle que no bebiera más de ese blanco líquido que sabía asqueroso y le adormecía la lengua y la conciencia, que lo transformaría poco a poco en un espantoso sapo, dejando atrás cualquier huella de príncipe. Mi príncipe azul se convirtió en sapo y del sapo brotó un monstruo violento, poseído por una especie de ira reprimida que se había exacerbado cuando se fusionó con el licor. Intenté frenarme para no escapar lo antes posible de ese lugar que me ahogaba y me asustaba, que se tragaba mi ilusión de bailar y divertirme con esos amigos que ya no reconocía, pues se habían transfigurado. Me disponía a desaparecer cuando mi príncipe-monstruo se aferró a mis piernas, haciéndome presa de su involuntaria y terrible transformación.

Estamos todos presos de esos dolores que escondemos debajo de la piel. Yo, presa de mi soledad, buscaba en la calle, en medio de la noche, un abrazo de amor clandestino. Él, en cambio, presa de esos dolores ocultos que intentaba anestesiar, los sumergía en alcohol.

Y no, no escapé. Mi valentía y yo fuimos capaces de afrontar ese momento, en el que un fuerte empujón me hizo volar, esta vez a cámara lenta, para caer encima de una mesa que estaba detrás de mí. Tardé unos segundos en percatarme de que estaba tirada en medio de botellas, presa de mil miradas que me penetraban y desvestían mi dignidad. Me levanté como pude y eché a correr tan rápido como me lo permitieron las piernas; esta vez sí era mi única opción: o correr, o morir, ya fuera de vergüenza.

Ese día comprobé que la valentía no era la ausencia de miedo, sino el triunfo sobre él.

Él no quería que yo escapara; nunca lo quiso, pues estaba aferrado a mí como su única tabla de salvación. La ironía de la vida es que somos heridos y, en ocasiones, herimos a quienes tenemos más cerca, a quienes más amamos.

Me alcanzó como un león tras una pequeña e indefensa liebre y, con sus violentos zarpazos, me reventó la cara, el alma y la dignidad. Ya no podía protegerme: tirada en el suelo, me acurruqué en posición fetal, abriendo apenas mis ojos llorosos para ver, a través de mis empapadas pestañas, un tumulto de gente que me miraba sin detener esta escena de horror, mientras no alcanzaba a entender de dónde recibía las ráfagas de patadas y puñetazos que aniquilaban mi aguante y mi tesón.

Escuché gritos que gritaban: «¡Policía!». Y el furioso león fue atrapado, mientras yo me escabullí como una liebre ensangrentada y herida entre la multitud para esconderme en un baño oscuro y solitario. Me senté en el suelo, detrás de un retrete, hecha una bola chiquitita de nervios, temblores y humillación.

Cuando los efectos del alcohol pasaban, mi amado poseído volvía a su tierna lucidez y entonces yo hacía, semana tras semana, año tras año, mi maestría de perdón tras perdón, pues había decidido que ese era el precio que pagaba por tan solo un poco de amor.

Escribiendo estas líneas, puedo aún ver en mis manos, ya no tan tersas, cicatrices de aquellas veces en las que, por intentar detener mi partida, me apagaba cigarrillos encendidos en las manos para así arrancarme las llaves del coche que me conduciría a mi aparente libertad.

Hoy, a mis cincuenta y cinco años, aún siento que esa niña herida habita en mi interior, escondida, asustada y traumatizada. Él, a sus cincuenta y cinco años, ha sido abandonado por su mujer quien, como su madre, se convirtió en una víctima más de su propia familia.

Si algún día él leyese este relato —y quien lo esté leyendo ahora—, ha de entender que en mi corazón no existe rencor ni resentimiento, pues el resentimiento es volver a sentir y resentirse del dolor. Debéis saber que, cuando pulso cada letra del teclado, siento una vez más que esta vivencia también me enseñó algo. Años después comprendí que cada una de estas experiencias era la academia espiritual que me prepararía para luego convertirme en camillera de almas, acompañante de corazones doloridos y receptora de heridas sangrantes que, como las mías, darían fruto, pues el sufrimiento fértil es aquel que te vuelve maestro.

El sapo-monstruo jamás regresó a su estado de príncipe y no pudo sepultar jamás su dolor. Yo, en cambio, acepté mi condición y comprendí que la adolescencia es una época en la que no sabemos nada, no comprendemos nada y carecemos de todo, incluso de autorregulación, autodistanciamiento y amor propio.

Tres años después, a mis dieciocho, en medio de una noche oscura, me encontraba de nuevo presa de mi impotencia cuando él, con el acelerador a fondo, conducía por las peligrosas calles de Bogotá; parecía poseído por ese veneno que se encontraba ya en sus venas y en su cerebro, hasta que tuvimos un casi fatídico accidente y chocamos con el garaje de una casa. Mi príncipe sapo estaba de nuevo preso bajo los efectos del alcohol; yo tenía las rodillas heridas y ensangrentadas y temblaba de miedo, como cuando estuve en el hospital, pero aun así logré bajarme del coche y gritarle que sus actos eran demasiado negligentes, que casi nos cobraron la vida. Él me respondió de nuevo con una paliza, una más de esas a las que ya me había acostumbrado. Limpié la sangre de las heridas de la cara con agua helada; helada como se sentía mi alma, como intentando borrar de ella las marcas de la indignación. Caminaba en la oscuridad y, sin embargo, seguía caminando para lograr encontrar la luz, pues nunca está más oscuro que antes de amanecer, así que lo peor hubiera sido detenerme.

Fue entonces cuando mis padres se enteraron de mi oculta y secreta realidad; así que, para protegerme, decidieron enviarme lo más lejos posible, a un internado de monjas en Suiza. Sería quizá para ellos una elegante forma de alejar el dolor. Llegué a este lejano país para aprender francés y, en medio del aparente glamur de los Alpes suizos cubiertos de nieve, intenté congelar mi alma y extirpar de ella esos recuerdos de violencia y dolor.

Recuerdo llegar al pequeño pueblo de Montreux una helada tarde de domingo, después de un eterno vuelo de 12 horas en el que lloré hasta deshidratarme; no entendía bien por qué alejarme de mi amado sapo no me arrancaba el dolor de la piel, sino que aumentaba mi melancolía, pues se acercaba de nuevo esa compañera de siempre, mi soledad.

Sola, me encontré en el último piso de un bello palacete antiguo frente al lago Lemán y, de alguna manera, sentí que mi familia me había dejado allí como quien deja un paquete. Habíamos llegado a Ginebra, pasamos una noche, al día siguiente contrataron a un chofer para que nos llevara al internado, pagaron en efectivo todo el año por adelantado y, sin ni siquiera conocer el colegio, se marcharon.

El sereno y melancólico lago hacía de tapete del castillo de Chillon, enmarcado por las más bellas y blancas montañas cubiertas de nieve. El castillo de Chillon es una hermosa edificación medieval que había sido testigo y víctima de muchas guerras como las mías; los dos habíamos sido destruidos por la violencia y restaurados posteriormente, conservando siempre la belleza de nuestro interior. A pesar de tantas batallas, siempre permanecíamos fuertes e imbatibles. El castillo de Chillon fue testigo de una de las páginas más tristes y dolorosas de la historia. La melancolía de mi corazón no era nada comparada con la crueldad del drama de los judíos que fueron detenidos y torturados en sus sótanos ocultos para luego ser expulsados. Trescientas comunidades fueron aniquiladas sin que el conde de Saboya interviniera o lo detuviera. Hoy la vida me sigue arrojando una pregunta imposible de contestar: «¿Por qué el mal despiadado golpea el alma de tantos inocentes sin que las personas que lo ven de cerca y son testigos hagan algo para detenerlo?».

Ese fue mi grito interior, en forma de pregunta, aquellas noches de patadas y bofetadas, cuando muchos fueron testigos cobardes y silenciosos, incapaces de proteger al débil, al indefenso, a quien estaba paralizado de impotencia, como miles de dolientes víctimas de nuestra cruel humanidad. El mundo está lleno de seres humanos disfrazados de bestias o quizá son bestias que pretenden ser humanos.

Llegué a aquel internado exclusivo para señoritas, el Institute Miramonte, ubicado en ese pequeño pueblito en medio de los Alpes suizos, batallando contra mis monstruos y los ataques de pánico.

Después de haber sufrido en silencio casi tres años de una implacable y brutal violencia de género, ya tenía cicatrices en el alma y en la piel imposibles de borrar. Padecí largas y oscuras noches de horror en las que yo, con mi carita, y él, con el puño, bañados con la misma sangre, éramos dos víctimas del desfogue de nuestro propio dolor.

Ya en mi nuevo destino, un cuarto solitario en aquella lejana y vieja Europa, cada bocanada de aire entraba raspando mi corazón lleno de llagas. Por desgracia, el tiempo comenzó a pasar muy despacio y mi sensación de abandono se hizo más grande con cada día que pasaba, pues no volví a saber nada de mis padres. Esa sensación de orfandad me ha acompañado hasta la actualidad.

Mis amigas recibían llamadas semanalmente; yo las escuchaba correr escaleras abajo, emocionadas e ilusionadas porque las monjas las habían autorizado para recibir una llamada por semana para hablar con sus padres. En cambio, mi familia nunca llamaba. Mi soledad se sumergía entre las heladas aguas del lago Lemán, donde me habían desterrado mis padres; quizá porque estaban muy ocupados con sus múltiples compromisos y obligaciones, los cuales eran imposible de compatibilizar con la presencia de esa niña a quien habían traído al mundo y les mendigaba un poco de presencia y cariño.

Así pasaron los días y los meses: mi padre me llamó una sola vez, mi madre jamás lo hizo y de mis hermanos no supe nada; a ellos también los habían desterrado en internados en medio de algún pueblo lejano de Estados Unidos. Mi intento de familia se había descuartizado, al igual que mi corazón.

Un día decidí escribir una carta a mi madre. No podía dejar las cosas así y, llena de culpa y sufrimiento, pude expresarle todo lo que sentía y dejé mi corazón en esas líneas, pero pasaron los meses y su corazón congelado jamás respondió; hasta que un día escuché por el megáfono del internado: «Mademoiselle Paula, ton mère est à l'appareille». Pegué un salto y corrí escaleras abajo hasta el sótano de ese hermoso y antiguo edificio. ¡Era mi madre, a quien no escuchaba desde hacía más de seis meses! Cuando cogí el teléfono, escuché lo siguiente: «Te he llamado para decirte que no te autorizo para que regreses a casa. No podemos hacernos cargo de ti ninguno de los dos». Sentí un puñal atravesándome el corazón. Mis padres ya estaban separados, pero no esperaba que me llamara para decirme esto y menos para escuchar que debía permanecer en el internado hasta que cumpliera la mayoría de edad. Después, tendría que decidir yo misma qué hacer con mi vida, pero, antes de esa fecha, no podría decidir dónde ni con quién vivir. Y, por supuesto, que no contara con ellos. Cada una de sus palabras fueron como nuevas bofetadas a mi alma, frías, duras e inhumanas.

    ¿Por qué el mundo está lleno de padres que traen al mundo a hijos de quienes no se quieren hacer cargo? ¿No sería más fácil que se quedaran viviendo la vida egocéntrica que pretenden vivir sin lastimar a nadie, en lugar de tener descendencia como si fuera una mercancía de la cual se pueden deshacer tan fácilmente como montándola en un avión de carga y apartándola lo más lejos posible? ¿Es eso humano? ¿Se puede tratar a los hijos como un paquete? Yo no lo comprendía y hoy, que soy madre, me duele tan solo de pensarlo.

    Terminó el frío invierno y todas las señoritas del internado estaban felices y radiantes, porque regresarían a sus casas, a sus hogares con sus padres. Hubo algunas familias que incluso viajaron hasta Suiza para recogerlas y, desde allí, emprendieron un viaje juntos para culminar el año de estudio. Yo, en cambio, me apunté a un viaje en la parroquia del pueblo, en el que me iría en un bus sola para atravesar Suiza hasta un pequeño pueblito de Francia llamado Lourdes, un santuario en el cual me ofrecí como voluntaria para cuidar de enfermos como camillera.

    Con diecisiete años, necesitaba sentirme amada, tenida en cuenta; ansiaba sentirme útil, confirmar que mi existencia valía la pena para alguien y, sobre todo, sentirme necesitada. Ahí fue cuando descubrí mi vocación de ser camillera de almas.

    Pero, cuando regresé de ese viaje, me armé de valor y, animada por la rebeldía que me confería la edad, me opuse radicalmente a continuar en aquel internado a miles de kilómetros de todo lo que yo conocía. Ante mi rotunda negativa, mi padre me salvó y me envió un billete de vuelta para Colombia. Una vez en casa, mi madre intentó enviarme de nuevo interna al colegio del Sagrado Corazón de Palm Beach en Florida, pero sus esfuerzos no dieron sus frutos, porque yo, en mi profunda obstinación, me negué tajantemente. Preferí continuar en mi hostil y desolado hogar, en el que permanecí acompañada de mi mejor amiga, la soledad, hasta que, después de una batalla campal con mi madre tras meses enteros de vivir bajo el mismo techo sin dirigirnos la palabra, aisladas cada una en su habitación, el día que cumplí dieciocho años me marché de casa para vivir sola en un apartamento proporcionado por mi padre. Él me dijo desesperado: «Es mejor que te marches de casa y te vayas a vivir sola, pues tu madre y tú os vais a acabar matando».

No puedo evitar pensar en mis hijas a sus dieciocho añitos, quienes entonces eran apenas niñas sin experiencia y con la necesidad de la protección y el amor de una madre.

Entré entonces en la universidad y, cansada de puñetazos en la cara y en el alma, tras la última paliza que me dio mi novio, con quien, sedienta de cariño, había retomado la relación tras mi regreso, me comencé a consumir en una profunda tristeza y desolación.

Un día me encontraba conduciendo para ir a almorzar a casa de mi padre, a quien en ese entonces consideraba mi amigo y defensor, cuando de repente un vehículo me comenzó a perseguir y me obligó a parar. De su interior se bajó un sujeto extraño y agresivo que se me acercó de un modo amenazante e intimidante y me golpeó fuertemente la ventana gritándome a la cara: «¡Te aconsejo que tengas mucho cuidado, pues serás la próxima a la que nos llevemos! ¡Te vamos a secuestrar!». Yo, en medio de mi desesperación y de mi sensación de vulnerabilidad absoluta y sentimiento de desprotección, le grité de vuelta: «Si me van a secuestrar, ¡adelante! ¡Háganlo! Pero ¡háganlo ya!». Ellos arrancaron rápidamente el coche y yo, sin control alguno de mí misma, me puse a perseguirlos para tratar de estrellarme contra ellos. Cuando huyeron, volví para esconderme en casa de mi padre y le conté lo que había ocurrido. Él me explicó que éramos un *target* de secuestro muy llamativo; especialmente yo, pues mis hermanos ya se encontraban viviendo en Estados Unidos. En esa época, mi madre era senadora de la República y mi padre tenía una compañía de helicópteros, la cual había firmado un contrato con el Ejército para transportar a los soldados, víveres y medicinas a los campos de batalla de nuestra cruel guerra contra la despiadada y sanguinaria guerrilla. Me pidió que me fuera del país, porque mi vida corría peligro.

Me pregunté si no era posible que pudiera tener al menos un poco de sosiego, tranquilidad y protección. ¿Cómo puede ser que todo mi mundo, hasta mis afectos más cercanos, fueran perpetradores del dolor hacia mi ser? Estaba agotada, aturdida y asustada desde que había llegado a la vida. Me encontraba siempre en situaciones de riesgo. Vivía mi vida en modo huida por circunstancias violentas que atentaban contra mi integridad física, emocional, familiar y espiritual.

Una semana más tarde, estaba en un avión rumbo a Roma para estudiar Diseño de Joyas. Me había convertido en una nómada obligada, a quien la vida empujaba constantemente al destierro y a la desolación. No volví a saber nada de ese chico que pagaba sus frustraciones conmigo, aunque seguía experimentando terribles ataques de pánico en los aviones y en los tubos de resonancia magnética de los hospitales, los cuales mi mente interpretaba como si fueran una especie de ataúd en el que me asfixiaba y se me cerraba la tráquea; de igual modo, sentía claustrofobia en los ascensores estrechos: apenas se cerraba la puerta, yo comenzaba a sudar, y mi corazón empezaba una acelerada taquicardia, acompañada de una sensación de angustia y estrechez interior. La intoxicación de cortisol y adrenalina en mis canales neuronales me advertía de peligros que parecían reales pero que, al final, no dejaban de ser meras interpretaciones de una mente desbordada y abrumada por no ser capaz de soportar tanta agresión, miedo y desprotección.

Hoy, después de haber investigado y leído hasta la saciedad, he comprendido que es, en esos choques emocionales de nuestra historia, donde se cristaliza nuestra personalidad predominante, es decir, nuestra máscara, con la cual cubrimos nuestra verdadera esencia espiritual. Todos nacemos con una esencia sana que va transformándose a través de nuestras vivencias y de la interpretación que le damos a esas experiencias. Son esas situaciones las que hacen de nosotros las personas inauténticas a quienes el ego va cubriendo para proteger su propia esencia; es decir, creemos que, al construir una careta de ego detrás de la cual nos escondemos, vamos a poder sobrevivir a la hostilidad del mundo.

Actualmente, y gracias a mis estudios sobre el eneagrama, he podido llegar a comprender que mi madre es un eneatipo 8 de personalidad. Lo que he aprendido es que hay que cogerla de la mano con compasión; algo difícil de sentir cuando has sido víctima de los maltratos de un 8 en la sombra, pues no se puede olvidar que todos los tipos de personalidad tienen una parte luminosa cuando se someten a un arduo trabajo personal para tallarse y pulirse, tal como se pule un diamante. No sé si algún día averiguaré qué ocurrió en su infancia, pero debió de ser algo tan terrible cómo para convertirla en una mujer a quien yo sentí e interpreté como una madre tirana: una persona que jamás se mostró vulnerable, una mujer a quien jamás le vi una lágrima y mucho menos una caricia, una mujer de hierro que tenía una máscara metálica a través de la cual era imposible llegar a su aparentemente inexistente corazón.

Mi padre era un eneatipo 7, un hombre que escapó del sufrimiento y del dolor evadiéndolo durante toda su vida, anestesiándolo con licor, ansiolíticos y una vida dominada por la voluntad del placer y del poder.

Mientras ellos vivían una vida desbordada de éxito y poder aparente, yo aprendí a sobrevivir en medio de mi soledad, mi enfermedad y mis fracasadas relaciones afectivas, pues no se puede ser una adolescente estable cuando se nace y se crece en medio de un hogar disfuncional en el cual no existe la más mínima intención de evolución.

¿Cómo logré pulir el diamante de mi alma dentro de la dimensión de mi familia?

Uno de los momentos más difíciles de mi vida fue pocos días antes de que falleciera mi padre, día en el que tuve que entrar en la Fiscalía para denunciar a mi propio hermano por haber vulnerado los derechos de mi progenitor, un adulto mayor enfermo y con discapacidad. Mi hermano se había aprovechado de que mi padre se encontraba ya con su cerebro en estado de hibernación —es decir, que ya no tenía capacidad cognitiva— y lo coartó para hacerle firmar documentos a través de los cuales la mayor parte de la herencia quedaría fraudulentamente en sus manos.

A pesar del desgarro y el dolor que sentía en mi interior, yo debía entrar en la batalla; una guerra sin cuartel que, para mí, significaba luchar por la honra de mis valores: la ética del comportamiento, la moral, la equidad y la justicia. Tenía que darlo todo, hasta la última gota, por proteger a mis hijos y lo que a ellos les correspondía y que les estaba siendo arrebatado injustamente. Mis armas eran la fe y mi escudo, la oración. Nadie me despojaría de mi máximo y más preciado bien: la dignidad, un valor no negociable. Pero ¿cómo sanar? ¿Cómo perdonar lo imperdonable?

Tuve que entrar en la iglesia para el funeral de mi padre recibiendo todo el rencor de los míos, pues venía de una familia en la que toda la basura se metía debajo de la mesa y yo la estaba sacando a la luz.

De tanto llorar, de temer, de tanta rabia, de indignación e incluso de impotencia, volví a caer enferma. Cuando intentaba alimentarme, la comida se convertía en fuego que me quemaba las entrañas. Sufría tanto que hasta comencé a tener episodios de diarreas crónicas que me duraban meses. Mi alma luchaba por sostener un cuerpo frágil, roto y dolorido, el cual era testigo de las más impensables injusticias y humillaciones por parte de mis hermanos, aquellos de quienes esperaba protección y refugio.

Un día, a las cuatro de la mañana, debía regresar de nuevo al hospital donde me esperaban, como de costumbre, múltiples e invasivos exámenes para detectar el motivo por el cual mi cuerpo se estaba deteriorando a pasos agigantados y a una velocidad imparable. Cuando me disponía a entrar en la ducha, agotada y sin fuerzas, me miré en el espejo y vi que me estaba muriendo. Día a día, hora tras hora, me estaba muriendo o, mejor dicho, ¡me estaban matando! Yo, una mujer de un metro setenta de altura, pesaba 47 kilos. Parecía un esqueleto forrado de piel mientras me ponía la ropa que tendría que llevar para la colonoscopia, la endoscopia, las resonancias magnéticas y los muchos otros exámenes que me harían hasta el amanecer.

No pude evitar rogar que alguien me sacara de ese sitio. Supliqué que alguien me ayudara a escapar y a volar muy lejos para coger un poco de oxígeno que me permitiera respirar de nuevo, pues el dolor y la indignación que sentía hacia mi familia me estaban matando. Había comenzado un proceso de sucesión, propio de una película de Hollywood, entre cuatro personas de la misma familia y sus cuatro abogados que estaban luchando en un campo de batalla en el que mi alma se estaba contaminando de todas las toxinas que nacen del ego, la avaricia, la mentira y la manipulación.

Finalmente, incluso teniéndole terror a los aviones y a volar sola, emprendí un vuelo hacia mi libertad. Estuve 10 horas atrapada en un avión, sintiendo la claustrofobia más terrible y la soledad más abrupta que haya sentido jamás, como ya lo relaté. Al partir, bendije y me despedí de mis tres hijos, explicándoles que debía protegerme, que elegía apartarme de la guerra y buscar un refugio de paz. De nuevo, mi valentía y yo decidimos que nos enfrentaríamos al miedo con coraje y llegaríamos victoriosos hasta ese soñado remanso de paz.

Cuando llegué a Madrid, mi amado refugio, sentí que las rejas de aquella cárcel emocional se habían quedado atrás y que ahora nadie me podía robar más; nadie podría estafar mi dignidad y, sobre todo, nadie podría arrebatarme la última de las libertades humanas: la de elegir la actitud con la que me enfrentaría a mi sufrimiento.

Comencé a excavar en mi interior y encontré, de nuevo, que mi diamante no brillaba; que estaba lleno de negros carbones, y que, solo si me atrevía a pulirlo, podría recuperar su luz. Estuve cuatro meses aprendiendo a estar totalmente sola, a sentir dolor sola, a hacer mi colección de duelos sola, a llorar sola, a caminar sola, a desayunar sola, a cocinar y a valerme por mí misma, a consolarme, a nutrirme y a todo lo que supone recorrer el camino desde la propia aniquilación hasta el alumbramiento de la consciencia.

Llegó diciembre y ya comenzaba a sentir paz y sosiego. Vinieron mis hijas a visitarme, pues mi hijo tenía que trabajar y él permanecería en Bogotá.

El problema es que, cuando sientes que estás alcanzando finalmente la metamorfosis de tu alma, la vida te recuerda que nunca estás demasiado fuerte para resistir.

Yo no era consciente de que, aun cuando crees que tus fuerzas para seguir luchando se acaban, tienes unas reservas espirituales tan poderosas que son las que, ante la peor prueba que hayas imaginado jamás, sostienen tu existencia y la existencia de quienes más amas.

Cuando Dios te devuelve la vida

Dios nos devolvió la vida en un instante cuando otros, accidental o inconscientemente, intentaron arrebatárnosla.

El Valle de Arán, a cuatro horas de Barcelona, nos abrió sus puertas y nos recibió con sus blancas montañas y sus árboles repletos de copos de nieve, y la desbordante amabilidad de su gente nos daba la bienvenida para pasar nuestras vacaciones. Mis hijas y yo llegamos por primera vez a conocer esta hermosa región con un entusiasmo y una curiosidad que nos llenaba el alma de alegría. La noche que llegamos desde Barcelona nos trajo nuestro querido Paco, el conductor que nos cuidaba y nos llevaba por todo el valle, como si fuera alguien de nuestra propia familia. Al día siguiente, comenzamos a subir las montañas con miedo, y los amables monitores de esquí nos llevaban de la mano para enseñarnos a deslizarnos poco a poco por la nieve que parecía de blanco algodón.

Unos días eran soleados y se nos desbordaba el alma de asombro por ver cómo brillaba el reflejo del sol sobre la nieve escarchada; otros días nevaba tanto que no alcanzábamos a ver ni la punta de nuestros esquís cuando intentábamos bajar por las montañas con tan poca visibilidad.

La penúltima noche salimos mis niñas, Verónica y Valerie, y yo a cenar después de conocer las encantadoras callecitas de Vielha. Durante la cena, hablábamos sobre cuán felices estábamos con esta experiencia tan espectacular que nos había regalado Dios; la vida y cada una de las lindas personas que nos estábamos encontrando por este camino desconocido para nosotras, que venimos del lejano y tropical Caribe.

Paco, el taxista, llegó muy puntual a por nosotras para regresar a nuestro segundo hogar temporal. Íbamos eligiendo las mejores fotos para montar un vídeo que nos recordara lo mejor de cada día, esos días que queríamos tatuar en nuestras almas para siempre. Nuestro corazón vibraba de alegría, de felicidad y de entusiasmo; estábamos ya subiendo por las montañas escarpadas del Valle de Arán cuando, minutos antes de llegar al hotel y en medio de la oscuridad, nuestra burbuja de alegría y perfección explotó y voló en mil pedazos.

Nuestras cabezas estaban aturdidas por una nefasta y espantosa explosión que no sabíamos de dónde venía; nuestros cuerpos se movían a cámara lenta dentro de la camioneta y se estrellaban violentamente entre ellos, como si una fuerza extraña, desconocida y monstruosa nos intentara sacudir hasta reventar.

La camioneta quedó incrustada contra el quitamiedos de metal, como si esta la abrazara para contenernos y no dejarnos rodar por el abismo fatal. Las bolsas blancas de aire estallaron abrazando y conteniendo a Paco; millones de cristales estallaron en mil pedazos como si fueran pólvora. Cuando el impacto se detuvo, solo se escuchaban los gritos como gemidos de una madre dolorida —más en el alma que en el cuerpo— y desgarrada de dolor y angustia por proteger y salvaguardar la vida de sus niñas.

Estaba enloquecida gritando y preguntando a mis niñas si estaban bien. Ellas, como fuertes guerreras, parecía que se habían preparado para este combate que se daba entre la vida y la muerte, porque me respondieron rápidamente que estaban bien, que me quedara tranquila. Cuando me giré para mirarlas y comprobarlo, vi que Valerie tenía la cara ensangrentada, con sangre cayéndole a borbotones por las mejillas y el cuello.

Paco estaba atrapado por el metal y la impotencia, pero, con una serenidad y una valentía increíbles, logró llamar a la policía y a las ambulancias. Mientras tanto, un buen samaritano que pasaba por ahí descendió de su coche para auxiliarnos. Nos ayudó a abrir la puerta de Valerie y a quitar los restos de cristales; ella fue quien recibió el impacto casi letal de un imponente Audi rojo, el cual estaba totalmente destruido y abandonado, pues un joven de aproximadamente veintiún años, bastante ebrio e inconsciente, se había dado a la fuga.

A mi alrededor solo veía sirenas, ambulancias, humo y olor a quemado; nosotras, doloridas y heridas en cuerpo y espíritu, solo queríamos escapar de tan horrenda escena. Nuestra mente en *shock* se preguntaba una y otra vez: «¿Cómo Dios te devuelve la vida cuando los irresponsables inconscientes te la arrebatan presos de sus locuras cristalizadas en alcohol?». Verónica se convirtió en Wonder Woman. Sacó una fuerza y un tesón que nacía de la poderosa fuerza de su espíritu heroico; cogió a su hermana de la mano y le pidió que resistiera y respirara despacio. No dejaba de repetir que no podía desfallecer ahora, no podía dormirse, todo iba a estar bien. Verónica estaba aguantando su propio dolor por el bien de su hermana. Mi cuerpo temblaba por el frío y el terror mientras suplicaba a Dios por auxilio y compasión. Inmediatamente, llegaron dos ambulancias, policías, bomberos, guardias civiles, un ejército de ángeles españoles a salvarnos la vida, pues no la habíamos perdido por cuestión de segundos. Valerie tenía la mirada fija; casi no parpadeaba; su cara era como un cuadro de terror petrificado, congelado, que solo transmitía angustia diluida en fortaleza, valentía y decisión para dar batalla y no dejarse llevar por el aturdimiento, las náuseas y el frío de la sangre que enjuagaba su bello rostro.

Yo fui fiel testigo de cómo mis dos niñas sacaban sus mejores recursos espirituales y emocionales para ganarle la batalla al miedo y a la desolación.

En un momento, las montaron en dos ambulancias para llevárselas al hospital. Sentí que me moría por dentro y no pude evitar suplicar a uno de los paramédicos para que me dejara ir con ellas. Él, lleno de empatía y amor, me dijo que me subiera en la parte delantera. Recuerdo ese trayecto como si fuera una pesadilla. No podía dejar de mirar para atrás y solo veía a dos guerreras luchando por resistir. Yo sabía que éramos el mejor equipo posible y teníamos que pelear y ganar. Solo tenía un arma disponible y eran mi fe y mi oración. No dejaba de repetir: «Bendito Dios, todopoderoso, cuídalas, sánalas y que Valerie, por tu poder, no tenga hemorragias internas. Todo estará bien; lo declaro con el poder de mi fe...».

Tardamos 10 minutos en llegar al hospital, pero se me hicieron eternos. Sentía como si estuviera sumergida debajo de un océano negro y oscuro que, poco a poco, nos iba tragando y asfixiando. Metieron a mis niñas en Urgencias y a mí me detuvieron en la puerta por las restricciones del COVID-19. Volví a sentir que me moría un poco. Se llevan a tus hijas, te arrebatan tu vida, tu aire, tu existencia y, en ese momento, sientes y palpas tu verdadera fragilidad, tu impotencia, tu insignificante existencia. No podía hacer nada.

Esa noche Dios y yo sentimos que estábamos abandonados en medio de una aldea lejana y solitaria, en un hospital en medio de la nada. No había nadie más: solo soledad, diálogo interno, súplica y terror.

Pero esa noche nuestros ángeles guardianes trabajaron muy duro. Yo pude mandar mi localización e informar de la situación antes de que la batería del teléfono muriera. Mi hijo Simón y el padre de mis hijos, Carlos, estaban en Colombia, sumidos en la angustia. Es horrible vivir una tragedia desde la distancia; nadie más sabía de este hecho tan lamentable que habíamos sufrido.

Pero, tras horas de espera, llegó el gran milagro. Salió la doctora Yolanda, una bella y amable doctora cubana, para decirme con voz suave y serena: «Mamá, sus niñas están bien. Verónica tiene el brazo roto a la altura de la muñeca; vamos solamente a enyesarla. Y Valerie no tiene ninguna lesión craneal ni hemorragias internas; procederemos a coser las heridas y a dar analgésicos, pues están muy golpeadas». Paco, nuestro querido conductor, estaba también fuera de peligro. Yo solo tenía un fuerte dolor en las costillas y el esternón, pero, inexplicablemente, mis placas de tórax salieron perfectas.

Estábamos todas, las enfermeras, las médicas, las niñas y yo, siendo testigos de un absoluto y contundente milagro. Dios llegó con su corte de ángeles; nadie lo vio, pero todos lo tocamos, comprobamos su presencia y su protección, desde el mismo instante en el que intenté abrir la puerta para bajarme del coche; Dios me gritó fuerte a través de la voz de Verónica: «¡Quieta ahí! No abras esa puerta; no te muevas, porque estamos sobre el abismo». Mi puerta se abría hacia el precipicio negro y profundo, el cual me habría tragado en cuestión de segundos.

Este relato lo teje mi alma rota y herida, igual que lo tejió la doctora Yolanda en la piel de Valerie en medio de sus gemidos de dolor. Como una madre herida que se desangra por proteger a sus crías de los depredadores, así me desangré esa noche por dentro, aunque milagrosamente no tenía ni un rasguño, pero, por dentro, tenía una hemorragia invisible: de esas que no se ven pero que corren por las heridas del alma. Sentimos un profundo agradecimiento a Dios; a los amigos, quienes estallaron en llanto cuando pasaron por delante de los coches destruidos de camino al ospitall; a cada uno de vosotros que nos llamó, nos escribió y nos abrazó aquí y en la distancia. Nuestro obsequio espiritual es regalarles este relato para que vivan con la certeza de que la vida se va en un minuto. No lo olvides nunca. Dios nos devolvió la vida cuando otros, accidental o inconscientemente, intentaron arrebatárnosla. Esto lo constatamos todos cuando reconocimos los dos coches totalmente destruidos en siniestro total. Cuando vimos las fotos, nos quedamos helados con escalofríos recorriéndonos los cuerpos. Otros fueron llamados por Dios a su presencia y nosotros pudimos haber corrido la misma suerte esa noche, en medio de risas y felicidad.

No sabes cuándo va a ser tu momento, pero recuerda que a todos nos viene a encontrar. No olvides que la muerte ya viene caminando hacia ti; puede tardar años, meses, horas o segundos en llegar, pero ya viene a tu encuentro. Por esto mismo, pregúntate hoy: «¿Cómo estoy viviendo? ¿Cómo quiero estar cuando me la encuentre de frente? ¿Soy feliz? ¿Quién estoy eligiendo ser?».

Desde que nací, he tenido muchas conversaciones con la muerte por mi frágil condición de salud y, en cada una, le he dicho: «No estoy lista para partir y dejar este mundo, porque aún tengo muchas huellas por dejar». Mis niñas tampoco lo estaban y Dios les devolvió la vida en un segundo para que la vivieran plenamente e hicieran de ella lo mejor que les ha sucedido jamás.

Vive cada día como si fuera el último, pues ella, la muerte, viene a llevarte. No podrás hacer ni cambiar nada cuando tu espíritu se eleve; se vaya tan alto hasta que, en regocijo, se abrace con Dios, su creador. Nosotras aprendimos que la vida es un soplo sagrado de Dios. En un segundo, bajamos al infierno y regresamos a la vida. Por esto, cada una de estas líneas pretende ser un agradecimiento por la vida de mis hijas, por tu vida y la mía, por la de cada una de las personas que oraron por nosotras y por cada ángel que nos dio su mano en esta cadena de amor, la cual nos llenó de gratitud eterna.

Prometimos regresar a Baqueira y subir a lo más alto de la montaña, sin el miedo del primer día; prometimos elevar una oración de gracias por nuestra vida; prometimos hacer unas fotos preciosas donde brillara el sol, el cielo azul y la blanca nieve de algodón; prometimos hacer un ritual de acción de gracias y, después, dejarnos deslizar por la montaña, cuesta abajo, con solo la fe como guía. De esta misma forma es cómo aprendimos a descender por la montaña de la vida.

No es fácil aprender a esquiar, pero Arnau, nuestro profesor, nos dijo: «Si pones tus ojos en los esquís, ¡te vas a caer seguro! Levanta la mirada y pon tus ojos en el camino y visualiza ese lugar adonde quieres llegar. Después, déjate deslizar, confía y fluye…».

Mi píldora para el alma

La muerte viene caminando hacia tu encuentro,
pero no tengas miedo. La muerte te llevará a un lugar
en el que se termina el sufrimiento, el temor y el dolor.

No temas a la muerte; solo prepárate para ese viaje eterno y sagrado: para que, cuando te encuentres con ella, le puedas tomar la mano y partir sabiendo que has dejado una huella de trascendencia en el mundo y en las personas que te acompañaron por este paso temporal. Dios te pedirá tu historia para revisarla contigo, así que escríbela de la mejor manera posible. Tú eres el único autor de tu libro.

Yo creí que no podría soportar más pruebas; creí que no podría perdonar a mis hermanos y a mi madre, quienes nunca nos llamaron para preguntar cómo estábamos, aun cuando los llamé desde el hospital aterrorizada para avisarlos. Creí que no podría haber un dolor más profundo que el de sentirse nuevamente abandonada por tus padres, tus hermanos, los tuyos, a quienes Dios les pidió que te cuidaran y acompañaran durante tu vida. Pero, una vez más, me giré para buscarlos y no estaban.

También debía perdonar o dejar de echarle la culpa a mi padre, por haberse ido de este mundo sin dejar un testamento que me protegiera y me diera seguridad. Siempre me había dicho que yo era la niña de sus ojos, que viviera tranquila porque jamás me dejaría desamparada de su cuidado y amparo. Pero se fue. Y no cumplió su promesa. «Mira, papá, el desastre que nos dejaste... ¡Cuánto dolor, cuánta injusticia, cuánto rencor!».

Cuando sentí que era desde mi propia familia de donde emanaba la fuente más grande de dolor, me sentí como si fuera huérfana. Mi familia eran mis adversarios; el mayor sufrimiento que sentía procedía de los míos, de quienes me debían amar más. En ese momento, el mundo se había convertido para mí en un orfanato. Me dolía ver a familias numerosas y unidas; ser testigo de cómo las madres amorosas eran cómplices y amigas de sus hijas, mientras yo pasaba meses y años sin apenas hablar con la mía. También me dolía ver cómo los hermanos protegían y cuidaban a sus hermanas, mientras que mis hermanos me engañaban. Era tan doloroso que mi única salida fue huir como lo hacen los perritos heridos después de que les hayan dado una paliza para echarlos de algún lugar.

El único modo en el que puedes sanar es alejándote. Cuando los soldados en combate resultan heridos, los sacan de la guerra, los alejan y los dejan un tiempo aislados, para que puedan sanar sus heridas físicas y psicológicas, pues las granadas y las balas los aturden tanto como a mí los gritos, los insultos, los empujones y las injusticias.

Yo me fui tan lejos como pude; corrí tan rápido como me permitieron las piernas, y solo el tiempo, la distancia y el silencio me ayudaron a sanar.

No te puedes quedar en el campo de batalla si quieres sanar; no puedes seguir siendo un soldado activo y herido si quieres vencer. Debes irte y esconderte en la trinchera del alma hasta que la sangre seque y coagule, hasta que la herida se convierta en cicatriz y ya no duela, hasta que los pulmones vuelvan a respirar por sí solos y no necesites más oxígeno para no morir asfixiada.

Lloré durante horas enteras, grité hasta perder la voz, me revolqué hasta que me diluí en mi propia ira e impotencia y comprendí que sanarme, soltar el dolor, dejar ir la frustración era mi propia responsabilidad. Nadie te da la felicidad o te la quita; nadie puede humillarte o enaltecerte; tú eres el único responsable de tu bienestar y la medicina para sanar solo la encuentras en tu interior. Comprendí que, tanto en las familias como en el mundo, hay damnificados y perpetradores. También comprendí que, si no dejaba de ser víctima, jamás rompería ese ciclo vicioso, pues las víctimas que no sanan se convierten en perpetradores, y los perpetradores son víctimas que jamás se hicieron responsables de sus propias historias rotas y doloridas para encontrar el camino hacia la sanación y la liberación.

Mi píldora para el alma

Llegará el día en el que puedas agradecer y abrazar tu herida más grande, comprendiendo que fue el punto de partida hacia tu transformación y tu liberación.

Un año después de la muerte de mi padre, pude verlos de nuevo. Quizá no me apetecía abrazarlos con un amor desbordante, pero, en mi corazón, no había más que sentimientos de compasión, porque ellos no habían encontrado o no habían buscado el camino sagrado hacia la libertad interior que yo, después de cruzar la noche oscura del alma, finalmente hallé.

Mis heridas se convirtieron en cicatrices que quedaron en la piel del alma, para dignificar cada una de mis batallas y para recordarme la poderosa fuerza de mi espíritu imbatible y guerrero.

Una relación de familia o amistad tiene que provocarte bienestar, hacerte sentir bien, aportarte algo para ser mejor. Igual que hablábamos en la relación de pareja, tus valores no pueden ser vulnerados ni tus opiniones ignoradas. Una relación, de cualquier tipo, tiene que proporcionarte amor, respeto, equidad y bienestar. Aléjate del conflicto y de las personas que son como los calamares: que, cuando nadan en agua cristalina, expulsan una tinta negra, que mancha y oscurece todo el entorno.

Toma distancia para protegerte y para sanar tu integridad emocional. Tú serás la persona que decidirá si va a quedarse con huellas valiosas para su alma o con cicatrices que dolerán siempre.

Desapégate de lo que encadena tu vida: el dolor emocional

¿Qué haces cuando hay miembros en tu familia que son tóxicos?

6.3. ESPIRITUALIDAD

Mi píldora para el alma

Justo cuando la mariposa pensó que iba a desfallecer, su fuerza interior brotó y fue ese el momento sagrado en el que abrió sus alas y comenzó a volar.

En el arduo camino de la vida, empezamos como caminantes y terminamos como peregrinos. Cansados del camino, estamos sedientos de paz y, en ocasiones, sentimos como si fuéramos atravesando un desierto que nos ha dejado sin fuerzas, luchando como soldados en la batalla de la vida y viviendo exhaustos mientras buscamos un lugar físico y espiritual donde descansar.

Recupera de tu memoria el momento en el que tu hijo o tú mismo disteis vuestros primeros pasos, para comenzar a andar por el camino de la vida; en aquellos tiempos en los que, de manera temerosa, pero divertida, dimos nuestros primeros pasos, nunca imaginamos que en la vida muchas veces caeríamos y nos tendríamos que volver a levantar tan rápidamente como lo hacíamos entonces, como los bebés que éramos.

En nuestra etapa adulta, seguimos dando tumbos en el camino de la vida, tropezando, hiriéndonos, levantándonos de nuevo; en ocasiones, vamos muy deprisa y con un afán exacerbado de llegar a alguna meta o lugar. Así es como vamos intentando aprender el arte de andar, de forma segura, serena y con pasos firmes, para alcanzar finalmente la meta de la plenitud y la paz interior.

Todos somos caminantes y todos nos convertimos en peregrinos. Un peregrino es aquel que anda por tierras extrañas; que, impulsado por su devoción, va a visitar un santuario y viaja por lugares desconocidos, llevando en su mochila fe, esperanza y caridad. Quizá no siente que pertenece a un mismo pueblo ni a una misma raza cuando va encontrando a otros caminantes al andar, pero sí se reconoce como hermano de aquellos compañeros que va encontrando por el camino, quienes lo acompañan y lo alientan a continuar.

Una peregrinación supone un viaje de sanación espiritual a una montaña sagrada o a un lugar de devoción; también supone silencio y un encuentro con lo más íntimo del ser. De igual modo, una peregrinación es un viaje a las profundidades del alma, donde pretendemos encontrar silencio y reflexión; sin embargo, en la mayoría de los casos, solemos hallar angustia, miedo, incertidumbre y soledad en nuestro centro sagrado.

Con este pensamiento en mi cabeza, emprendí un día el camino a Santiago de Compostela, para alejarme del mundanal ruido y perderme por senderos desconocidos de verdes praderas, de silencios y de hermandad. Caminábamos más de veinte kilómetros cada día e íbamos de la mano de otros caminantes desconocidos, con quienes íbamos tejiendo conversaciones profundas, sin saber adónde nos llevaba cada paso del camino. Desde el descubrimiento de los restos del apóstol Santiago, millones de peregrinos han caminado sobre las mismas piedras, cargado los mismos dolores, sobrellevado el mismo cansancio físico y emocional, cruzado los mismos montes…, y todo bajo la misma motivación: reflexionar, meditar y orar para pensar sobre la vida y encontrarle el sentido a la propia existencia.

En el año 2018, más de quinientos mil peregrinos emprendieron este viaje espiritual hasta el sepulcro del apóstol Santiago. Yo me pregunto si cada uno de esos peregrinos se habría detenido a pensar que, en el viaje de la propia vida, todos somos peregrinos que vamos de camino hacia nuestro propio sepulcro. Qué ironía tan grande pues, al iniciar el camino, todos llevamos equipajes pesados y repletos de todo aquello que imaginamos que íbamos a necesitar durante el periplo. Pero, en ocasiones, después de haber andado por un sendero arduo y difícil, nos percatamos de que todo aquel equipaje que creímos indispensable se ha vuelto pesado y sentimos la necesidad de deshacernos de él, de tirarlo, de soltarlo y de liberarnos del peso, tal y como sucede en la vida misma.

A lo largo de la existencia, nos vamos cargando de un equipaje emocional que cada día nos pesa más: obligaciones autoimpuestas, relaciones tóxicas y conflictivas, perdones que debemos dar, perdones que debemos pedir, heridas que necesitamos sanar, situaciones dolorosas que debemos olvidar, personas que debemos soltar y dejar ir… Y así, poco a poco, nuestra mochila del camino se va tornando insoportable y pesada.

En siglos pasados, las guerras, las hambrunas, las crisis de las religiones, las plagas, las pestes y pandemias causaban en las personas una gran necesidad espiritual de alejarse para sanar, para huir, para restaurarse y conectarse con el Creador pues, en el camino, encontraban un bálsamo para el consuelo. Se supone que la evolución del ser debería proporcionar a las almas un esclarecimiento espiritual, a través del cual los hombres y mujeres aprendieran de su propia historia de dolor y no repitiesen aquello que los lastimó y les causó su aniquilación. Hoy, en cambio, deberíamos caminar por peregrinaciones personales y globales de paz y fraternidad que deberían reinar y gobernar el mundo, pero hay lecciones que nunca se aprenden y, actualmente, igual que en la Edad Media, la raza humana sigue estando encadenada a las fuerzas de la decadencia; de quienes, gobernados por el ego y la sed de poder, destruyen a miles de seres indefensos que intentan caminar haciendo el bien sin lastimar a otros.

Beethoven musicalizó en su *Novena sinfonía* el poema escrito por Schiller, *Oda a la alegría,* con el propósito de hacer una honra a la fraternidad universal. Algunas estrofas son capaces de inspirar la ilusión más grande de todo ser humano regido por su espíritu:

> Escucha, hermano, la canción de la alegría y el canto alegre de quien espera un nuevo día. Si en tu camino solo existe la tristeza y el llanto amargo de la soledad completa [...], si es que no encuentras la alegría en esta tierra, búscala, hermano, más allá de las estrellas. Ven; canta; sueña cantando; vive soñando el nuevo sol, en el que los hombres volverán a ser hermanos.

Hoy, cientos de años después, es devastador caminar por el sendero del Camino de Santiago y ver cómo no escuchamos las señales de Dios ni el llamamiento musical sublime de Beethoven ni el llanto de los niños de Ucrania ni los gritos desgarradores de Viktor Frankl en Auschwitz.

Hoy, tenemos que llevarnos las manos a los oídos y agarrarnos la cabeza, tal como lo hizo el personaje de la obra *El grito,* del pintor noruego Edvard Munch, donde el maestro representa al hombre moderno en un momento de profunda angustia y desesperación existencial. El grito representa nuestro grito interno, nuestra impotencia y nuestra desolación en medio de un mundo dominado por las potencias del ego y el poder.

El camino de la vida, tal como el Camino de Santiago, nos inspira a alejarnos de todo aquello que nos quita la paz, para adentrarnos en nuestro refugio interior, nuestra alma, el único lugar en el que encontraremos una vida imperturbable para resistir tanta devastación.

Mi píldora para el alma

En medio del camino de la vida y sus vicisitudes, encuentra tu luz interior para iluminar tu sendero.

No permitas que la oscuridad del mundo que te rodea apague tu luz propia y te sumerja en las tinieblas. Si buscas la luz fuera de ti, corres el riesgo de que tu propio resplandor se apague.

Desde que naces, hasta que partes de este mundo, estás llamado a realizar tu tarea espiritual, la cual consiste en aceptar cada una de las situaciones que te arroja la vida para interpretarlas y vivirlas como maestras espirituales. El ego siempre intentará engañar a tu espíritu, provocando que vivas sufrimientos innecesarios. Cuando los aceptes como maestros, te dejarán una huella de sabiduría y luego, por sí solos, partirán. Existen dos tipos de sufrimiento: el sufrimiento vacío, que es el que experimentas cuando vives una tribulación o dificultad sentado en tu ego, en el trono de la víctima, y el sufrimiento fértil, que vives desde tu espíritu cuando aprendes a aceptarlo y buscas en cada vivencia complicada el aprendizaje oculto. Tu sufrimiento dará frutos y será fértil cuando lo abraces, lo aceptes y descubras aquello que vino a enseñarte. Escribe en tu «cuaderno sagrado» aquellas manifestaciones de tu ego que han obstruido tu evolución espiritual. Revisa las expresiones predominantes del ego, tales como ira, soberbia, envidia, pereza espiritual… Anota todos aquellos defectos de carácter de tu personalidad que son obstáculos para tu evolución.

«A tejer con hebras de vidas rotas» es lo que nos enseñó Viktor Frankl, creador de la logoterapia. En su obra *El hombre en busca de sentido,* Viktor nos revela la experiencia que lo llevó al descubrimiento de la logoterapia cuando se encontraba prisionero en los campos de concentración y sintió que su propio ser vivía una existencia desnuda, en ocasiones carente de motivación. ¿Cómo pudo resistir a tanta crueldad desalmada y a perder absolutamente todo y a todos quienes le daban sentido a su vida? ¿Cómo pudo aceptar que la vida así, en medio de la indigencia emocional y material, fuera digna de ser vivida? «Debemos aprender por nosotros mismos y también enseñar a los hombres desesperados que, en realidad, no importa que no esperemos nada de la vida, sino que la vida espere algo de nosotros»; esta es una de sus reflexiones más profundas y la que más me llega siempre al alma, porque Frankl reconoce aspectos fundamentales para hallar el sentido de la vida.

A pesar de que en este momento pases por una dificultad, la vida siempre nos invita a encontrarle el sentido a cada prueba. Escribe cuáles son esas huellas de sentido a lo largo de tu vida, desde tu infancia hasta tu vida actual, relacionadas con tu espiritualidad.

Encuentra el sentido de tu vida en cada momento, en cada prueba: para lograrlo, debes afinar la conciencia y la reflexión; debes salir de tu zona de comodidad, del modo robot en el que, en ocasiones, vives y apelar a la templanza como herramienta espiritual, la cual te conducirá al hallazgo de ese diamante que es el sentido. Entrarás, entonces, en la dimensión más profunda de tu ser: tu centro sagrado, tu alma.

¿Cuáles son esas huellas que estás dejando en las personas que te acompañan en el camino? ¿Valentía, amor, buenos recuerdos compartidos, empatía?

En ocasiones, hay personas que dejan huellas destructivas, como conflictos, traiciones y falta de lealtad, ética y justicia. Reflexiona acerca de si las huellas que estás dejando tú construyen o destruyen; de este modo, podrás caminar creando un recuerdo de ti: ¿cómo quisieras ser recordado cuando ya no estés?

Reflexiona sobre las vivencias que le dan sentido a tu vida: ¿es algo que te emociona?, ¿es bueno para ti?, ¿es algo que construye vida? No importa lo que nos ocurre, sino lo que hacemos con esas vivencias. Para sanar, debes atravesar el dolor y sentirlo, pero no quedarte atrapado en él. ¿Cómo aprender a ver la belleza a pesar de la tragedia? Desde que naces hasta que partes de este mundo, estás llamado a realizar tu tarea espiritual, la cual consiste en aceptar cada una de las situaciones que te presenta la vida, para interpretarlas y vivirlas como maestras espirituales. La sabiduría no es más que dolor curado; por eso, no podremos convertirnos en personas espiritualmente evolucionadas si no nos atrevemos a excavar en nuestro interior para encontrar aquellas heridas que nos intentan convertir en víctimas crónicas, presas de la queja y la insatisfacción perpetua.

Hace poco, me invitó el cónsul de mi país en Madrid a dar un taller de sanación y restauración emocional en la embajada de Colombia, para trabajar con la población emocionalmente vulnerable; específicamente, las familias de aquellos que se encuentran privados de su libertad, quienes pasan por momentos de profundo vacío y soledad en las épocas de Navidad. Estructurando este encuentro espiritual para estas almas doloridas, lo primero que pensé fue: «Hay muchas maneras de perder la libertad y hay libertades que nos hacen presos». Edith Eger, en su obra *La bailarina de Auschwitz,* nos invita a perdonar como un regalo que nos damos para liberar el alma. Frankl, siendo también prisionero, nos enseña que todo puede sernos arrebatado, menos la última de las libertades humanas: la libertad de elegir la actitud con la que nos enfrentamos al sufrimiento y a aquello que no podemos cambiar.

¿Qué es eso que te está haciendo preso? Para muchos, la cárcel es emocional, pues no se han atrevido a romper las cadenas invisibles de las cuales ellos mismos se han hecho presos. Por esto, lo importante no es lo que te pasa, sino lo que haces con eso que te pasa. Si puedes atravesar el dolor, sin odiar, estás listo para ayudar a otros a sanar.

Hoy te invito a que reflexiones por un instante en aquello que te aflige, aquello que te preocupa y que no puedes cambiar. Piensa que muchas veces tu problema radica en no mantenerte fiel a los mandatos de tu corazón, los cuales te piden que honres tus valores.

La mayoría de nuestros problemas nacen de la frustración que nos produce el que nuestras expectativas no se cumplan; por ejemplo, si tu pareja no se comporta como tú quieres, si no te ama como soñaste o si no comparte tus ideales, te frustras.

Nos vinculamos con nuestros hijos pensando que son de nuestra propiedad y que, si se nos dio la tarea de formarlos, educarlos y guiarlos en el camino de la vida, deberían ser y vivir a nuestra imagen y semejanza; sin embargo, cuando ellos toman caminos, acciones y decisiones antagónicamente opuestos a aquellos que tenemos en nuestras expectativas, se crea otro problema.

Tengo una amiga que —estoy segura de que todos conocemos a alguien así— es adicta al sufrimiento. Desde hace más de una década, cada vez que la llamo, anticipo su respuesta después de saludarla con un «¿cómo estás, querida?». Un memorial de agravios sale como una ráfaga desde su boca para investir e intoxicar el mundo que la rodea. Ella pone los ojos y el corazón exclusivamente en aquello que no cumple sus deseos; ella se encadena a todo aquello que interpreta como negativo, frustrante, desesperante y, de este modo, se ha acostumbrado a vivir emocionalmente desbordada por la comedia trágica en la que vive.

¿Depende tu felicidad de lo que los demás hagan o te hagan? ¿De qué depende tu felicidad? ¿Se encuentra en otro lugar que no seas tú mismo? ¡Búscala dentro de ti y atesórala, pues ahí nadie puede arrebatártela!

Hace poco conocí a un hombre realmente heroico. Juan Palomo es un ser a quien la vida lanzó una pregunta existencial muy poderosa: «¿Qué vas a hacer con esto que te pasa?».

En su adolescencia, mientras jugaba con sus amigos, se quedó ciego de repente. Tras todo tipo de exámenes y pruebas, fue diagnosticado con síndrome de Leber, una atrofia del nervio óptico de origen hereditario. Sus padres, ante esta difícil situación, decidieron internarlo en un centro educativo especializado, en el que tuvo que aprender a vivir de un modo totalmente diferente, enfrentándose a su miedo, a su frustración e impotencia. Fue entonces cuando la poderosa fuerza de su espíritu guerrero lo sostuvo y lo acompañó para darle una respuesta a la vida. En lugar de sentarse a llorar eternamente, renunció a su posición de víctima paralizada y decidió convertirse en un gran atleta; participó en el campeonato de Europa para invidentes y ganó cuatro medallas de oro, logro que lo condujo a los Juegos Paralímpicos de Atlanta.

Con su valentía y su talante, decidió convertir su tragedia en una victoria personal. Juan, una fuerza imparable de la naturaleza humana, se estableció en Madrid donde, con gran mérito, tenacidad y esfuerzo, cursó la carrera de Fisioterapia, para convertirse en un gran profesional quiromasajista, osteópata y fisioterapeuta. Luego se casó y ahora tiene una hermosa hija.

Solo cuando eres capaz de atravesar el dolor sin odiar y sin resentir, estarás listo para ayudar a otros a sanar.

Cada vez que voy a la oficina de Juan, es porque siento un fuerte dolor en las articulaciones de los dedos y en los brazos, que son como unas corrientes que suben hasta la nuca, deslizándose por el cuello hasta los hombros. Estos síntomas son parte del reconocido «síndrome del escritor» y, así como yo escribo para que mis reflexiones sanen almas, Juan, con sus manos sanadoras, tiene una gran sensibilidad para curar cuerpos cansados y doloridos.

Cada uno de nosotros está llamado a darle su mejor respuesta a las preguntas que le hace la vida. «¿Qué vas a hacer con eso que te ocurrió?». Pues lo importante no es lo que nos pasa, sino lo que hacemos con eso que nos pasa. Como dice Viktor Frankl, podemos ser tejedores de vidas rotas, que se entrelacen poco a poco para construir un tejido humano resistente al dolor, a la adversidad y a la muerte de las ilusiones.

Y tú, ¿qué vas a hacer con eso que te ocurre? Solo en tu dimensión espiritual encontrarás la respuesta; no olvides que eres un ser espiritual con una experiencia humana pasajera y temporal.

¿Qué es eso que pesa más en tu vida y que quieres aprender a vivir desde tu espíritu y no desde tu ego? Recuerda lo mencionado a lo largo del capítulo: aléjate del ego, del sufrimiento vacío, de la ira, de la soberbia o de la envidia y constrúyete una vida espiritual.

Trabaja el autodistanciamiento; aléjate de ti mismo para comprender qué es aquello que necesitas para seguir evolucionando y sentirte mejor contigo mismo. Y, después, trabaja la autoproyección y visualízate como te quisieras ver en dos, en diez y en veinte años.

Meditación. Encuentra tu tarea espiritual

Locura es hacer lo mismo y esperar resultados diferentes

6.4. SALUD

Mi píldora para el alma

Aquello que más pesa en tu vida es lo que necesitas para ejercitar el músculo de tu alma.

Tumbada sobre una camilla de metal que estaba congelada, en medio de un quirófano desconocido, lejano y solitario, mi identidad era apenas un número escrito en una pulsera de plástico, que era lo único que llevaba puesto. Frente a mí había un reloj inmenso que marcaba cada segundo y me torturaba el alma. Ahí estábamos tirados mi soledad, mi dolor, mi miedo y yo, sintiendo el tiempo como un aliado de la más devastadora angustia, que era el motor del temblor de mis piernas y de las palpitaciones aceleradas del corazón.

El hospital Villa Bianca de Roma era un pequeño lugar al que había llegado una noche oscura después de haber sobrevivido a una aterradora experiencia en el Ospedale Santo Spirito, en la calle de Lungotevere.

Mientras me dispongo a contaros las vivencias que tengo tatuadas en la piel —por las cicatrices del cuerpo y del alma que aún me las recuerdan—, he querido, hoy, treinta y cinco años más tarde, traer a mi memoria la imagen de ese melancólico lugar; así mi relato podrá ser más genuino. He buscado en internet fotos del hospital que me vio llorar esa oscura noche de junio de 1989 a mis veinte años, cuando el dolor más intenso me doblaba las piernas y me quebrantaba las fuerzas del espíritu. He tecleado el nombre y la dirección del hospital e, inmediatamente, ha aparecido en la pantalla del teléfono la imagen exacta, como congelada en el tiempo, de aquel tenebroso edificio situado en la esquina del Vaticano. Al ver las imágenes apareciéndoseme ante los ojos, me he llevado las manos a la boca y he experimentado la misma sensación de terror que aquella noche; he estallado ahogada en llanto cuando he comenzado a recordar que, casi arrastrada, entré a Urgencias, aterrorizada.

Me he encontrado, después, con la foto de la gélida habitación con 100 camas donde fui remitida y encerrada aquella noche, con una sonda que me introdujeron violentamente por la nariz hasta el estómago. Recuerdo con horror al médico de turno quien, sin empatía ni compasión, me decía desesperado: «¡Debe tragarse esta sonda como pueda! Si no, su estómago puede reventar en cualquier momento, causándole una muerte inminente. ¡Es su decisión!».

Él empujaba la sonda, intentando que la tragara a la fuerza, de la misma manera que ahora intento tragarme ese recuerdo, mientras dos monjas que ejercían de enfermeras me sostenían y me agarraban los brazos para impedir que yo, de la asfixia, me la arrancara; hubo un momento brutal en el que, de tanto empujar la sonda, esta se me salió por la boca y me causó un terrible vómito con sangrado. Finalmente, logramos que esta horrible manguera atravesara la garganta y siguiera su recorrido hasta mi estómago dolorido. Fue ahí cuando, en la madrugada, me dejaron en ese horrendo edificio, que había sido construido por el rey Ine de Wessex en el siglo viii para hospedar a los peregrinos anglosajones que acudían a la ciudad para visitar la tumba de san Pedro.

No ha sido hasta hoy, deshaciendo mis pasos, que me he enterado de que el papa Inocencio III fue quien, al cabo del tiempo, lo convirtió en hospital bajo la protección del Vaticano, con el propósito de acoger y recibir a los niños huérfanos y abandonados. Quién diría que tantos siglos después, en la cama número 42, yo también me sentiría como una niña huérfana y abandonada más, al igual que esas criaturas.

La larga estructura de la construcción consistía en un rectángulo que albergaba 300 consultantes y 600 indigentes en épocas de guerra. Más adelante, el papa Sixto IV describió el hospital así: «Estas paredes tan delgadas, de este triste edificio sin aire, parecen más un lugar para presos que para enfermos en recuperación». Artistas como Miguel Ángel, Leonardo da Vinci y Sandro Botticelli pintaron la fachada del edificio en sus frescos.

Como ya te he contado, con solo unos meses de vida, fui diagnosticada con una extraña condición médica neuromuscular. Actualmente, después de mil exámenes y seis largas y peligrosas cirugías, los especialistas llegaron a la conclusión de que padezco de una escasa motricidad y pobre peristaltismo (contracciones) en todo el aparato digestivo, desde la laringe hasta los intestinos, lo que me causa una inmensa dificultad para digerir los alimentos y genera un riesgo latente de que los intestinos se enreden, desencadenando en una obstrucción intestinal y posible peritonitis, como a las que ya he sobrevivido.

Mi primera intervención quirúrgica fue a los tres meses, repitiéndose en dos episodios más a causa de la peritonitis, hasta que cumplí los seis meses, con un 5 % de posibilidad de supervivencia. Cuenta mi madre que una mañana mi pequeño estómago parecía tan hinchado como si me hubiera tragado un balón, y que empecé a vomitar sin parar un líquido verde en medio de un intenso llanto de dolor.

Desde entonces —han pasado más de cincuenta años—, quedó claro que mi vida estaría llena de luchas, de aceptación, de resiliencia y que, si era capaz de soportar tanto dolor, todo tendría un propósito, un sentido y una misión; mi enfermedad ha sido mi maestra. Ahora, después de arrebatarle a la muerte su oportunidad de llevarme con ella varias veces, he comprendido que Dios les da sus batallas más fuertes a sus mejores soldados, y que mi maestría espiritual en este combate tendría una misión para la cual había sobrevivido. No me quedaba otra que mirar de frente al destino y abrazarlo como viniera para descubrir cuál era mi objetivo vital.

Un día la vida te empuja y te pone delante de tus peores miedos, y ese día descubres lo valiente que nunca pensaste que podrías llegar a ser. Hoy, el tiempo despiadado sigue torturándome la vida, como aquel día en ese gélido hospital. Y es que hoy mi reloj marca mis cincuenta y cinco años, y la ironía que conlleva cada celebración de cumpleaños es aquella que esconde la realidad de que, en verdad, celebramos un año menos de vida y que cada año recibimos regalos y, a la vez, acumulamos una colección interminable de pérdidas que no se ven pero que van desocupando el corazón. La fútil estabilidad económica es pura y vana ilusión en un mundo globalizado y violento que vulnera la economía de todos y hace tambalear hasta a los más fuertes y aparentemente poderosos.

Cada año que pasa, reconozco en mi vida una colección interminable de esas pérdidas que todos vamos acumulando; esto nos podría hacer presas de una neurosis interior que, fácilmente, nos conduciría a la locura, al vacío. Desde que nacemos, vamos perdiendo todo aquello que amamos. Perdí la seguridad que da un hogar unido, seguro y calentito cuando a los siete años me encontré de frente con el divorcio de mis padres. Fui perdiendo mi salud desde que nací y, por eso, no puedo ni beber un buen vino ni disfrutar de una buena cena para celebrar pues, en realidad, es muy poco el alimento que puedo comer sin que cause un gran malestar en mi interior.

Mis hijos volaron ya del nido, dejando un gran vacío y una sensación de soledad impuesta, difícil de superar. Descubrí que los hijos son como flechas que debemos lanzar desde el arco de nuestro hogar lo más lejos posible, para que atraviesen el horizonte y vuelen tan lejos y tan alto como puedan lograr. Para esto, debemos tensionar muy fuerte esa cuerda, y casi doblar el arco, hasta que duela, para darles a ellos ese impulso que nace de la tensión, de la fuerza, de la ilusión de verlos conquistar lo más alto del firmamento.

Tu libertad será real cuando logres romper las cadenas invisibles de las cuales tú mismo te has hecho preso.

No enfermas de repente o de la noche a la mañana; la enfermedad comienza a gestarse en silencio, muy lentamente y en los niveles más ocultos de tu ser. Vivimos aturdidos, inmersos en una vida caótica, encadenada al estrés en lo personal, emocional, laboral y social. Detente por un instante y piensa cuántas personas a tu alrededor, empezando por ti mismo, están experimentando alarmas en su cuerpo que les dicen que algo anda mal. El malestar es el desbalance entre la energía celular molecular, emocional y mental que sucede cuando está todo tan desordenado y desequilibrado que no ves lo que pasa dentro de ti. Los síntomas son como metáforas que reflejan, en el plano corporal, lo que está pasando en nuestro plano emocional y psicológico. En pocas palabras, tu cuerpo les pasa factura a tus emociones desbordadas. El síntoma es el lenguaje que usa nuestro cuerpo para comunicarse con nuestra alma; tiene como objetivo despertar nuestra consciencia y mostrarnos los cambios que tenemos que hacer en nuestra vida.

Empezamos, entonces, a recorrer este camino espiritual de sanación: haz un escáner de tu cuerpo. Escribe en tu «cuaderno sagrado» cuáles son los síntomas físicos que sientes en este momento. Pueden ser síntomas como una migraña, una gastritis, unos dolores musculares, un cansancio crónico o hasta un cáncer, una diabetes o un diagnóstico más complicado.

Viktor Frankl, en los campos de concentración y aun siendo prisionero, se dedicó a acompañar y a hacer terapia a sus compañeros para ayudarlos a encontrar el sentido de su sufrimiento. A pesar de todo, decir sí a la vida es una de las invitaciones más poderosas que nos hace el autor. Sus reflexiones sobre el sufrimiento del ser humano resaltan, en todo momento, el valor de la vida y nuestra capacidad de sobreponernos a todas las adversidades. Esta postura nos lleva a reflexionar sobre esas huellas de sentido que estamos construyendo a lo largo de nuestra existencia.

Empiezo citando la reflexión de Watson: «Dadme una docena de niños sanos, de buena constitución y mi propio mundo específico donde criarlos y les garantizo que puedo tomar a cualquiera de ellos, al azar, y formarlo para que llegue a ser especialista en cualquier campo que yo elija: médico, abogado, artista, empresario e, incluso, mendigo o ladrón». (Watson, 1930, pp. 103-104). Para mí, esta postura es un valioso criterio que muestra el concepto centrado de que la libertad del hombre tiene el poder de oponerse a cualquier determinismo genético.

Como logoterapeuta que soy, con una visión enfocada en la teoría de Viktor Frankl, creo firmemente que el hombre tiene la grandiosa posibilidad de autodistanciarse y autorregularse para elegir su destino. Me gusta retomar su pensamiento donde él expresa que, aunque el hombre no pueda cambiar su destino ni elegir las preguntas que la vida misma le arroja, sí tiene la capacidad reflexiva, desde su absoluta libertad interior, de elegir la actitud con la que se enfrenta a cada situación vital, por más difícil o dolorosa que esta sea. Los factores biológicos y ambientales ejercen un papel importante en nuestra existencia; sin embargo, no nos determinan. Nosotros no somos nuestros genes ni nuestro rasgo de personalidad ni mucho menos nuestra enfermedad. Somos seres humanos libres, con el poder de oponernos al ambiente y a nuestra propia genética heredada; es decir, somos lo heredado de nuestros padres, lo aprendido del ambiente en el cual crecemos y vivimos, pero, sobre todo, somos lo decidido desde nuestro libre albedrío y determinación.

Haciendo esta investigación sobre el comportamiento humano y la genética, me encontré con una reflexión de Blaise Pascal en el ensayo de Queraltó *Mis decisiones sin mí,* la cual hace referencia a que «todos los problemas del ser humano derivan de su incapacidad de sentarse solo en una habitación». Todos tenemos la capacidad implícita de autotrascendencia; sin embargo, creo que son pocas las personas que eligen desplegar su espíritu para encontrar la dimensión más elevada del hombre: la espiritual. Jürgen Habermas me inspira también con sus escritos magistrales sobre la libertad y el determinismo, evocando una reflexión donde nos invita a lograr una reconciliación entre Kant y Darwin, el defensor del postulado de la libertad con el defensor del mecanismo selectivo del proceso que hizo aparecer al hombre sobre la Tierra. Habermas explica cómo, desde la fenomenología y una visión no reduccionista, podemos hacer justicia a Kant y a Darwin, a la libertad del espíritu y a una imagen naturalista de los seres humanos. Vivimos cada día sin tener en cuenta el determinismo social que influye también como detonante sobre la condición predeterminada de nuestra genética; sin embargo, poseemos la capacidad de elegir cómo oponernos a los deseos mecánicos de nuestra naturaleza biológica, a nuestros impulsos dominados por la voluntad de placer y la voluntad de poder.

Considero de gran valor los dos aportes que hizo Carl Gustav Jung en sus maravillosos pensamientos que cito a continuación: «Una vez que se ha hecho todo lo que se pudo hacer, queda todavía lo que se podría hacer si uno tuviera conocimiento de ello, pero ¿cuánto sabe el hombre de sí mismo?» y «Hasta que lo inconsciente no se haga consciente, el subconsciente seguirá dirigiendo tu vida, y tú lo llamarás "destino"». Entonces, ¿está todo lo que acontece en el mundo predeterminado por las fuerzas naturales o las matemáticas de la genética? Pienso que ni la razón ni la ciencia nos llevan a una respuesta absoluta, al igual que tampoco lo puede hacer la fe; la misteriosa acción divina podría dejarnos a veces con miles de dolorosos cuestionamientos sobre las malas jugadas que nos puede hacer la genética. El equilibrio debería encontrarse en nuestro proceder como sanadores o acompañantes de almas, buscando la manera de llevar a cada corazón la esperanza; actuando como faros, aun cuando ni la ciencia ni Dios nos dan tan fácilmente la respuesta absoluta a tanto dolor.

La vida nos arroja preguntas que nos inspiran a construir nuestro destino de manera trascendente, pero, en ocasiones, muchas de estas preguntas nos atropellan y nos desgarran. ¿Qué hacer ante una dolencia física hereditaria incurable o terminal? ¿Cómo hacer frente a un diagnóstico de una condición mental que nos limita y nos confina al encierro? ¿Cómo hacer frente a un duelo o una pérdida de un ser querido que jamás volveremos a ver? Es, en este cuestionamiento existencial del ser, donde la dimensión espiritual de un creyente despliega el sentido; el sentido del sufrimiento, el sentido del trabajo, el sentido del amor, el sentido de la fe, pues como dice Frankl: «Quien tiene un porqué para vivir es capaz de soportar cualquier cómo».

El sufrimiento humano, al igual que su genética, seguirá siendo un dilema indescifrable en su totalidad, pero, como camilleros de almas, los psicólogos, sean creyentes o no, podrán desprogramar o despatologizar al ser humano que acompañan, encendiendo una vela en sus vidas interiores que, aunque tenga una apariencia quebrantada, gastada o rota, iluminará siempre el alma.

El mundo, en general, está siendo cubierto por una gran sombra colectiva. Cada uno de nosotros aporta sus propias sombras. El propósito de los seres humanos se centra hoy en saber, hacer y tener, y cada vez menos en ser auténtico desde su alma.

¿Qué importancia tiene la biología molecular, las teorías hereditarias o la genética de la conducta, cuando la inteligencia emocional o la falta de ella está llevando a la raza humana a la autodestrucción? En mi opinión, el *Homo sapiens* está dejando de serlo cada día un poco más para volver a su origen de primate animal, gobernado por sus instintos, sin capacidad de autocomprensión y mucho menos de autorregulación. Hay una falsa oposición entre herencia y ambiente, entre genes y libertad humana; pretendemos el perfeccionamiento del cerebro humano por vía genética, pero me pregunto si un cerebro humano más inteligente, con más capacidades y competencias cognitivas, casi cercano a la genialidad, podría tener mayor autotrascendencia. ¿Podrá apelar entonces a una vida centrada en los valores y las creencias? ¿Orientará su vida hacia una conducta desde la ética del comportamiento humanizado, empático y compasivo? El sentido común se ha ido perdiendo en nuestra especie; aumentamos cada día nuestro conocimiento intelectual, olvidando que las intervenciones educativas no deberían centrarse únicamente en el cociente intelectual del individuo, sino que deberían intervenir, además, en la formación de seres humanos integrales.

Hoy ya somos capaces de llegar a la hipermediación genética, donde los seres humanos han logrado diseñar la propia supervivencia y seleccionar la inteligencia, el temperamento, los rasgos físicos y psicológicos. Francis Collins, director del Proyecto Genoma Humano, cree que en cinco años ya existirá la posibilidad de comparar el ADN y los cromosomas para encontrar su expresión genética en determinadas enfermedades. Esta tecnología molecular podrá ser utilizada para seleccionar embriones que posean los rasgos deseados por los padres.

Para mí, la deshumanización está en esta peligrosa manipulación donde la ética estará siempre en juego. Por este motivo creo que, a medida que el ser humano conoce más la ingeniería bioquímica, deja de lado y olvida su centro sagrado, que es la fuente real de su estabilidad emocional y de su felicidad.

Desde mi experiencia personal como acompañante espiritual creyente, con énfasis en la logoterapia y el humanismo existencial, he tenido una gran misión a lo largo de casi veinte años, de los cuales los últimos siete los dediqué a diseñar e impartir itinerarios espirituales a jóvenes desde los trece hasta los veintiocho años, aproximadamente. En esta nutrida y valiosa experiencia, llegué a acompañar y guiar a más de doce mil jóvenes con todo tipo de experiencias humanas; también estuve muy de cerca de los corazones de jóvenes en colegios, universidades y soldados heridos o mutilados en combate, que habían sido devastados por la sangrienta guerra a la que se enfrenta nuestro país, Colombia, desde hace cincuenta años.

Debo confesar que llegué a un punto, hace relativamente poco, en el cual mi humanidad no pudo contener tanto dolor; tanta deshumanización; tantas vivencias espantosas y desgarradoras, escondidas a la luz de los adultos, educadores, padres y familiares de los jóvenes: quizá humanos, demasiado humanos, como decía Nietzsche. Ser testigo de una humanidad sumergida en el sinsentido, en el vacío existencial, en el relativismo moral y en la apología a la decadencia me llevó a tantos cuestionamientos y a tanta impotencia que ese fue mi punto de partida para decidir estudiar el comportamiento humano para, así, desde la psicología, poder tener más herramientas para seguir sosteniendo o, al menos, acompañando a una juventud que grita en el silencio y en la oscuridad de su propia alma sin ser escuchada.

El suicidio de una chica joven de catorce años por no ser capaz de contener tanto dolor, no sé si por algunos genes descompuestos en su ADN, o por no poder soportar sus propias heridas; la muerte por culpa del cáncer de un joven de diecisiete años, quien desarrolló un tumor maligno que lo condujo hasta el sepulcro por ser víctima del cruel matoneo escolar; abrazar y consolar a niños inocentes de dieciocho años con las piernas amputadas por minas antipersona que los rompieron en mil pedazos por dentro y por fuera; visitar, en muchas ocasiones, a niños solitarios de trece años recluidos en hospitales psiquiátricos y medicados con ansiolíticos y antidepresivos porque se lesionaban los brazos y las piernas con cuchillas; contener a jóvenes presos del alcoholismo que acuden a esta anestesia artificial para dormir su dolor; ver niñas hermosas convertirse en esqueletos andantes presas de la presión social que las convierte en maniquíes sin alma... Todas estas y cada una de las almas que acompañé dejaron en mí un profundo dolor y un inmenso cuestionamiento imposible de descifrar desde el entendimiento humano.

Por este motivo, creo que la genética, las decisiones, el libre albedrío, la contaminación emocional y social que el ambiente ejerce sobre la humanidad son cuestiones indescifrables desde cualquier punto de vista y, hasta cierto punto, irrelevantes si cada día los seres humanos jugamos a ser pequeños dioses que nos creemos capaces de manipular e intervenir en la raza humana y su existencia a nuestro antojo, en vez de preocuparnos más bien por cómo ser más felices auténticamente desde el ser y el trascender, saliendo de nosotros mismos al encuentro de nuestro prójimo doliente, en lugar de seguir encadenándonos inconscientemente en una sociedad consumista y materialista que cada día alimente más nuestro vacío existencial. ¿Para qué nos sirve poder manipular el cromosoma humano si no somos capaces de abrazar, de amar, de perdonar, de dialogar, para nutrir nuestro espíritu y vivir en unión y armonía? Vivimos como robots con vidas mecánicas, incapaces de construir vínculos humanos que estimulen nuestro espíritu y que lo lleven a la verdadera iluminación del ser, de nuestra existencia terrenal. ¿Cuál es la huella que queremos dejar a quienes nos heredarán cuando de nosotros no quede rastro? Ojalá no sea una herencia meramente genética, sino espiritual y perpetua.

Uno de los casos que más me ha impresionado fue el de una paciente de treinta años que llegó a mi consulta por su madre, que había asistido a uno de mis retiros espirituales. Andrea llegó en un deplorable estado de salud emocional; es decir, una tristeza profunda y desgarradora. Estuvo durante más de una hora llorando sin parar y relatándome el gran sufrimiento que estaba viviendo desde el inicio de su matrimonio. Ella era enfermera y estaba casada con un oficial del Ejército; había dado a luz a una linda niña que tenía cinco años en esos momentos. Desde antes de su matrimonio, ella era consciente de la sombra de su apuesto marido, a quien amaba más que a ella misma; eso era muy evidente. Su marido, por su deber militar, era trasladado a diferentes bases militares por todo el país y ella, como mujer enamorada y entregada, lo seguía a donde fuera llamado en misión.

Durante años, había estado soportando infidelidades recurrentes y compulsivas; según ella, era normal, pues pasaban largos períodos separados y el pobre no podía ser fiel en esas condiciones. Andrea había desarrollado la habilidad de perdonar una y otra vez, mientras que Harold había desarrollado la habilidad de mentir una y otra vez. En este ambiente contaminado y tóxico emocionalmente, nació la pequeña Anita, quien solo vio a su madre llorar durante la lactancia y posparto; esto ocurría sobre todo a medianoche, cuando encontraba los chats clandestinos de su marido con las supuestas suboficiales del Ejército, sus «colegas» de misión militar.

Andrea llegó a mí después de soportar durante más de diez años este indignante martirio. Lo que más me impresionó fue un detalle que ella olvidó relatar desde el principio; de hecho, no lo mencionó hasta la tercera sesión. Yo no dejaba de preguntarme por qué Andrea llevaba en cada sesión un peinado diferente, muy elaborado o decorado con unas bonitas boinas y sombreros. No puedo describir lo que sentí cuando me dijo: «Ay, Paula, ¡olvidé contarte otro detalle!». Y se descubrió totalmente la cabeza. Debajo del sombrero y la peluca, había una cabeza rapada, sin pelo, con una cicatriz inmensa que iba de lado a lado del cráneo, que empezaba en una oreja y terminaba en la otra. «Aparte de batallar con la infidelidad de mi marido, estoy batallando con un tumor cerebral incurable; los médicos dicen que me quedan meses de vida y creo que eso debe de ser lo que me pone tan triste, pues ¿cómo voy a dejar a Anita con un papá tan inestable?».

Confieso que no me lo podía creer. Los *coaches* y acompañantes espirituales estamos entrenados para suspender cualquier juicio de valor y opinión, pero esta vez me costó; era imposible no quedarse estupefacto al ver la falta de consciencia de las personas cuando llegan hasta a morir de pena moral, sin entender que ellas mismas son quienes se condenan a la autoaniquilación.

Andrea sentía más dolor y sufrimiento por la inconsciencia de su marido que por ella misma y su enfermedad.

Empezamos a trabajar entonces el empoderamiento, la autoconfianza, el amor propio y el respeto por ella misma. Andrea debía aprender que su dignidad no era negociable y que ya estaba en un punto en el cual desarrollar estas habilidades emocionales era la mejor herencia que podría dejarle a la pequeña Anita. Después de cada sesión, Andrea se iba a casa con tareas para aprender a ponerle límites a Harold quien, tras la última infidelidad, ya no vivía con ella, pero seguía comportándose como su pareja cuando cruzaba la puerta de casa.

No te acostumbres al sufrimiento, al malestar, a la hostilidad; llena tus manantiales interiores y decora tu propia alma. Recuerda que solo puede dañarte lo que viene de fuera cuando permites que entre.

La actitud, al igual que en todas las facetas del alma, es importante. Conviértete en un guerrero y aléjate del papel de víctima. Por supuesto que tienes derecho a llorar, a golpear algo o a sentirte mal por estar viviendo lo que estás viviendo, pero no te va a ayudar a ganar la batalla que estás luchando. Busca los valores y el aprendizaje que esa enfermedad te puede enseñar. Puede que aprendas qué es la resiliencia o, tal vez, aprendas a vivir la vida de una forma más relajada o diferente.

Cierra los ojos durante tres minutos y siente, por un instante, cómo sería tu vida si lograras alcanzar aquello que consideras que «quieres» o «necesitas» con respecto a tu salud. Busca paz, serenidad y estabilidad para proyectarte. Tu libertad comenzará a ser real cuando aprendas a entender que tu cuerpo es limitado, pero que cuentas con la fuerza sanadora de tu dimensión espiritual para permanecer siempre saludable.

La importancia de tener una vida espiritual para cuidar de la salud mental

6.5. FINANZAS Y TRABAJO

Mi píldora para el alma

**Llena tus manantiales interiores y decora tu propia alma;
así serás menos vulnerable a las hostilidades del mundo.**

Quiero que hagas un recorrido por tus creencias y por tu vinculación emocional y espiritual con tu mundo laboral, material y financiero. Quiero que observes cómo tu mentalidad impacta en tu vida laboral y financiera de modo positivo o negativo. La primera pregunta que debemos hacernos es: «¿Cómo puedo encontrarle sentido al aspecto profesional y económico de mi existencia?». Es fundamental reflexionar sobre el verdadero sentido que tienen estas dos facetas en nuestra vida.

Cuando hablamos del «sentido» en logoterapia, nos referimos a cómo afrontamos nuestra faceta profesional frente a los tres valores —experiencia, creación y actitud— que son los pilares del valor de la faceta laboral y financiera.

El dinero en nuestra vida es una bendición o una maldición, según la importancia y el significado que le demos. El dinero no es solo una moneda para hacer transacciones materiales que usamos para satisfacer nuestras necesidades, afrontar el coste de nuestra educación o pagar el coche, el alimento y la casa. El dinero puede convertirse en una cárcel emocional en la cual puedes ser encadenado o extorsionado, a cambio del sometimiento y el control de otros hacia ti. Por el dinero se mueve el mundo; por el dinero las naciones empiezan las guerras: el dinero intoxica y contamina la humanidad, destruye familias, rompe relaciones, divide matrimonios y daña hasta los vínculos más sagrados.

En mi vida personal, el dinero ha sido como una plaga que ha carcomido las fibras más profundas de mis vínculos afectivos, empezando por las de mi familia. Ha sido como un gas corrosivo que, al respirar cerca de él, ha producido quemaduras en el interior del alma, dejándola llena de llagas ardientes de dolor. Desde pequeña, vi cómo el dinero se había convertido en una obsesión para mi padre; mi padre era de origen muy humilde y, al carecer de recursos económicos, sufrió muchas dificultades junto a su familia. Durante su adolescencia, descubrió que tenía

94

una mente prodigiosa, que lo llevó a obtener la calificación más alta de todos los bachilleres del país al terminar sus estudios; era, literalmente, un genio. Sin embargo, su trabajo imparable lo alejaba cada vez más de su familia. No pasábamos las vacaciones juntos; mi madre reclamaba su presencia y compañía, pero él no estaba nunca. No podíamos cenar juntos por las noches ni pasar una velada a la luz de la chimenea para pasar tiempo en familia pues, para él, toda su vida giraba en torno a los negocios, con el único objetivo de acumular riqueza hasta que, poco a poco, su modo desbordado de vivir le cobró factura y su salud fue la que pagó un alto precio por esto.

Él me enseñó un viejo adagio que dice así:

Ahí va don Saúl en un ataúd.
En su juventud, gastó su salud buscando dinero y, en su senectud, gastó su dinero buscando salud.
Y, ya sin dinero y ya sin salud, ahí va don Saúl en un ataúd.

Pude comprobar que la vida de mi padre fue exactamente así. Lo más triste de esta historia es que al final, aun siendo el ser humano más generoso y amoroso que he conocido jamás, cuando se fue, como lo hizo Saúl, nos dejó tal desorden y tal desastre que sus éxitos financieros y profesionales se convirtieron en una especie de holocausto que fue exterminando, poco a poco, el amor, la armonía y la fraternidad entre los miembros de nuestra ahora rota y destrozada familia.

Muchas veces me pregunto si sería posible proponerle un negocio al universo, por el cual le devolviésemos a mi padre toda la abundancia que nos dejó a cambio de que también se llevara todas las lágrimas que nos han ahogado y que han imposibilitado cualquier intento de serenidad y reconciliación. Quizá mi padre nunca imaginó que, por cada moneda que acumuló, pagaríamos el precio de tantas lágrimas desbordadas en silencio que ahora ruedan por nuestro corazón.

Su generosidad y su gran bondad lo llevaron a compartir la fortuna con cualquier ser humano que se cruzara por el camino. Muchísimas personas recibieron sus ayudas económicas infinitas y cientos de familias pudieron tener una vida maravillosa gracias a él; sin embargo, lo que suele ocurrir en algunos casos es que quien recibe ilimitadamente se acaba acostumbrando y pasa de la gratitud a la exigencia y la insacia-bilidad. Por eso, todo en la vida debe tener su justo balance porque, a tanto te obligues, a tanto te obligarán. Creo que él se sintió así al final de sus días. Hasta sus afectos más cercanos se aprovechaban de él para exprimir hasta el último beneficio.

He sentido en mi propia piel que la ambición rompe el saco, tanto la de dar para comprar afecto como la de recibir. Si las familias no honran los valores de justicia y equidad, su riqueza se acaba convirtiendo en una fuerza maldita que destruye el respeto y el amor de las relaciones huma-nas. Imagina qué ocurrirá si en un remoto lugar de África, donde se en-cuentra una población que no tiene agua para consumir, de repente llega un camión cisterna que abre una llave gigantesca de la que empiezan a brotar chorros de agua a borbotones. La comunidad pasaría de tener sed a la posibilidad de morir ahogada. Si el chorro nunca se cierra, podría convertirse en un desperdicio, pero también algunos aprovecharían para enriquecerse vendiendo agua que no les pertenece a las aldeas cercanas. Cuando no hay equilibrio en un sistema, este se desborda, hasta que un bien puede llegar a convertirse en un mal.

Las familias que viven en austeridad hacen equipos de trabajo, apren-den a compartir, valoran la recompensa ganada con el sudor de la frente, viven en espacios pequeños y calentitos; a veces no se dan cuenta de que la escasez puede llegar a ser una bendición. Por eso es muy importante que te preguntes: «¿Qué lugar le das al dinero en tu jerarquía de valores? ¿Te sirve el dinero? ¿O tú estás al servicio del dinero? ¿Aporta tu dinero bienestar al mundo que te rodea? ¿Ayudas a los menos favorecidos? ¿O solo acumulas?».

Sacando a colación el tema del trabajo, actualmente veo con agrado a las nuevas generaciones como las de mis hijos. Estos ya no quieren te-ner trabajos robóticos consistentes en estar ocho horas como esclavos de un salario o de un jefe autoritario y, en ocasiones, deshumanizado. Hoy día se valora más el emprendimiento a través del cual quieren dejar una huella en el mundo y también contribuir a la humanidad, a las organiza-ciones no gubernamentales (ONG) de alrededor del planeta y, además, quieren pasar tiempo con sus familias. Su intención es, así, honrar los tres valores:

1. Valores de experiencia: es aquello significativo y valioso que recibimos del mundo, lo que contribuye a que seamos mejores personas.
2. Valores de creación: es todo aquello que damos y ofrecemos al mundo, en gratuidad y generosidad; nuestra contribución para construir un universo mejor.
3. Valores de actitud: se refiere a la actitud con la que elegimos, desde nuestra libertad, afrontar y gestionar cualquier situación que nos depare la vida.

Crea tu jerarquía de valores para, si es necesario, reordenarla de otra forma; de este modo, caminarás hacia ese oasis de plenitud y serenidad que necesita tu alma.

La soledad que viven quienes están presos de su abundancia, su prepotencia, su ego y su engreimiento es la riqueza más triste que se puede experimentar. A mí me costó entenderlo, pero lo hice hace poco, en un momento de catarsis que me abrió los ojos.

Un año después, volví a casa de mi padre. Entré en su habitación y sentí que empezaba a oler su colonia. No entendí por qué aparecía ese olor en ese momento, pero sentí como si estuviera entrando en ese lugar que había sido tan sagrado para él: su espacio, ese lugar de donde salimos juntos hacia su último viaje. ¿Por qué olía a él? Su colonia impregnaba toda la habitación, pero no había nadie a mí alrededor.

Cuando cerré los ojos para inhalar el aroma, no pude evitar preguntarme si era mi padre quien estaba en ese momento conmigo. ¿Quería decirme algo? Cogí el móvil, abrí los sentidos y me puse a escribir. Y esto fue lo que mi corazón y alma sintieron que mi padre quería decirme:

Paulita:
Estoy cerca de ti y siempre lo he estado. Me entristece saber todos los problemas que les dejé: tanta pelea, tantos conflictos, tanto dolor, tanta división… Lo di todo en mi vida para que vosotros tuvierais acceso a todo lo que yo nunca tuve, pero, al final, no supe cómo hacerlo, no pude gestionarlo y solo dejé desastres. Mi sensibilidad y amor desbordante por cada uno de vosotros me nubló y me cegó. Al final de mis días, me paralicé de miedo y de impotencia; mi ansiedad y mis miedos

me bloquearon y no los supe controlar. Por eso todo lo anestesiaba con pastillas.

Tu madre sufre terriblemente, tus hermanos no son felices y yo tampoco. Quiero darte las gracias por tus esfuerzos para que esta familia logre, al menos, un poco de serenidad, pues todos están mal, muy mal. Con tu mamá y tus hermanos, te pido compasión: están rotos de dolor. Solo tú puedes echarles una mano.

Hay tanto dinero como dolor.

Hay tanto dinero como soledad.

Tú eres la más fuerte, la más estable y, gracias a tu trabajo, todos pudimos encontrar algo de equilibrio.

Necesito que esta guerra acabe para irme en paz. Ayúdame, Paulita: estoy sufriendo. Los observo desde donde estoy y sufro al verlos… No supe ni pude hacerlo mejor. Desde el lugar en el que estoy, te cuidaré siempre, como lo hice en la tierra.

No te detengas en tu misión; ayudarás a miles de personas, pero empieza por los tuyos. Todo estará bien.

Te amo; estoy a tu lado; huele mi colonia; aquí estoy. No me he ido espiritualmente, porque estaré unido a tu alma eternamente.

Bogotá, 15 de diciembre de 2022

Hay personas, como hizo mi padre, que abusan de su trabajo para llenar aspectos de su vida que necesitan completar, por lo que es muy importante aprender a autorregularse, para balancear y equilibrar las acciones, pensamientos y decisiones, para que no se den de manera automática. Para ello, será muy importante que analices cuál ha sido tu relación con las finanzas ya que, seguramente, esta haya sido el desencadenante que ha marcado tu actitud en la actualidad.

¿Cuál ha sido tu relación con el dinero? ¿Ha sido de abundancia o de escasez? A pesar de ello, ¿te sientes orgulloso de lo que has conseguido?

¿Ha merecido la pena el precio que has pagado por tu trabajo? ¿Ha tenido costes emocionales ese esfuerzo?

¿Cómo puedes conseguir un equilibrio en tu trabajo y tus finanzas con el resto de los aspectos como la familia, el amor de pareja, los amigos, la salud y la espiritualidad?

Trabaja tu personalidad para alcanzar lo que deseas y busca un punto intermedio que te ayude a conciliar con el resto de los aspectos que harán que tu diamante brille.

¿Cómo subir nuestro ánimo en medio de una crisis económica?

6.6. TEMORES

Mi píldora para el alma

Cuando el miedo te embiste de frente y eliges luchar, sucede un milagro en tu interior; no lo vuelves a encontrar.

Es muy difícil reconocer el ego oculto que se esconde detrás de cada temor, porque el temor que te paraliza te fuerza a quedarte siempre en tu zona de confort.

¿Cómo se manifiesta el ego en tu temor? Cuando te quedas preso durante meses y años justificando tu incapacidad de tomar una decisión y culpas al temor. Para ganar esta batalla entre el ego que encierra el temor y la valentía, debes apelar al valor que habita en tu interior. En mi práctica diaria como acompañante de almas, me estremece presenciar el atrapamiento emocional en el que viven algunas personas, presas del temor, y el dolor y la angustia que eso conlleva. Estas personas permanecen paralizadas e incapacitadas, al no tomar decisiones cruciales en sus vidas para lograr su evolución espiritual. ¡Tomar decisiones no es opcional! Esto es lo que intento explicarles a mis consultantes pues, si no te vistes de coraje para tomarlas, la vida un día te empuja y las toma por ti, desencadenando situaciones indeseadas y, en ocasiones, catastróficas, que se hubieran podido evitar de haber actuado con sensatez, tomando decisiones oportunas y asertivas desde tu autoestima, por más dolorosas o difíciles que parecieran.

Observo diariamente conductas tóxicas en personas que finalmente terminan desarrollando patologías y enfermedades biológicas y psicológicas a causa del estancamiento evolutivo en el que ellos mismos se encierran por quedarse presos del temor. «Decidir» significa 'desechar opciones'; «decidir» es una de las tareas espirituales más trascendentes atribuidas exclusivamente a los seres humanos. Desde que naces hasta que partes de este mundo, tu existencia te arroja permanentemente preguntas para que elijas la respuesta y el camino que decides tomar. Casarse; divorciarse; tener hijos y cuántos tener; honrar tus valores espirituales; caer ante las tentaciones del mundo, como la infidelidad, la deshonestidad, la falta de ética en tu comportamiento, la traición a tus propios valores y compromisos; comprar una casa; elegir el nombre de tus hijos o de tu mascota; tu carrera profesional; cómo alimentarte; cómo cuidarte emocional y físicamente, o hasta elegir si quieres que te incineren o te den sagrada sepultura cuando termines tu paso por este mundo terrenal y partas hacia el mundo en el que solo sobrevivirá tu espíritu; estas son solo algunas de las decisiones que debes tomar a lo largo de tu vida.

La única causa real para que vivas atrapado en esta sensación de insatisfacción está en tus decisiones: las que has tomado y las que has dejado de tomar, por miedo a equivocarte o a asumir y afrontar las consecuencias con valentía.

Desde el punto de vista de la logoterapia, solo el espíritu tiene la capacidad de observarse a sí mismo desde una postura reflexiva: «Es más valiente aquel que se levanta que aquel que no ha caído».

Viktor Frankl dice que es posible apelar al humor para recuperar nuestro sentido de vida. También nos enseña a oponernos al temor desde la postura de la «intención paradójica», la cual empleó magistralmente con sus propios consultantes al apelar al humor como herramienta terapéutica; si sabes reírte de ti mismo y ponerte en ridículo, el sentido del humor será la perfecta actitud que te ayudará siempre a superar las situaciones de temor.

En el eneagrama transpersonal, cada eneatipo tiene asociado un temor predominante, que es el obstáculo para avanzar y es la causa de nuestro comportamiento. Para compensar el temor básico, surge un deseo básico, al cual apelamos para tratar de defendernos, porque la mente cree que, si uno tuviera eso que tanto desea, como amor, paz, seguridad, éxito, etc., todo estaría bien para nosotros. De este modo, el deseo básico es la trampa del ego, pues nos engaña diciéndonos qué es lo que deberíamos conseguir desesperadamente. Al no conseguirlo, se tiene como resultado el efecto contrario o adverso. Os dejo a continuación cuáles son los temores de cada eneatipo:

Eneatipo 1: miedo a no ser perfecto; temor profundo a equivocarse, percibido como malo o no totalmente ético. Se desea tanto la perfección que ese deseo degenera en un perfeccionismo crítico.

Eneatipo 2: miedo a ser indigno de amor y temor a ser abandonado. Se desea tanto ser amado que ese deseo degenera en la necesidad de ser necesitado.

Eneatipo 3: miedo a carecer de valor inherente; es decir, la persona teme no ser valorada por lo que es en su esencia, sino por sus logros, apariencia, posición o pertenencias. Desea tanto ser valiosa que su deseo degenera en un fuerte afán de éxito.

Eneatipo 4: miedo a no ser importante, comprendido o a carecer de identidad. El individuo desea tanto ser él mismo de un modo auténtico que ese deseo degenera en autocomplacencia.

Eneatipo 5: miedo a ser inútil, incapaz o incompetente. Se desea tanto ser competente que ese deseo degenera en una serie de sentimientos de sentirse inútil.

Eneatipo 6: miedo a carecer de apoyo, orientación y guía. Se desea tanto tener seguridad que este deseo degenera en un fuerte apego a las creencias limitantes y la ansiedad.

Eneatipo 7: miedo a sufrir. Se desea tanto ser feliz y evadir la posibilidad de sufrir que ese deseo degenera en escapismo frenético y aparente diversión.

Eneatipo 8: miedo a ser dañado, lastimado y controlado por otros. Se desea tanto protegerse que ese deseo degenera en una lucha constante y una batalla de dominar o gobernar a los demás.

Eneatipo 9: miedo a la fragmentación; es decir, a sentir que, por ser leal a algo o a alguien, uno debe fragmentarse entre dos personas o situaciones. El sujeto desea tanto estar en paz y quedar bien con todo el mundo, tratando de llevar la fiesta en paz, que ese deseo degenera en terca negligencia ante sus propias necesidades y la autovalidación de sus propios criterios.

Aquí tienes un resumen claro de los miedos a los que debes enfrentarte y someter para lograr tu libertad interior y la estabilidad emocional en tus relaciones. Cuando reconozcas cuáles son tus temores predominantes, aprenderás a establecer un vínculo positivo en tus relaciones desde tu sana autoestima, ya no desde el temor, y desde la madurez y la responsabilidad emocional contigo mismo y con los demás. ¡Valiente no es quien no tiene miedo, sino quien triunfa sobre él!

En una ocasión, me encontraba viajando de Madrid a Bogotá y era difícil pensarlo, pero era la segunda vez en mi vida que viajaba sola. Como ya te he contado antes, durante toda mi vida, he experimentado miedo a los aviones, pues me conectaban con esa niña herida y abandonada que una vez partió lejos de su casa hacia un país lejano.

Después de permanecer alejada de mi país y de mi familia en un arduo proceso de sanación, debía regresar para reclamar justicia pues, finalmente, se estaba estancando el momento de la repartición de la herencia. Debía volver con los míos, mirarlos estoicamente y con valor para honrar y proteger mi dignidad. Era mi momento y el de mis hijos… ¿Por qué entonces, sin razón aparente, mientras caminaba sola por el aeropuerto de Barajas, volvía a sentir cómo el corazón acelerado y la respiración agitada eran presos del cortisol?

Ya en el vuelo hacia Bogotá, anunciaron que estábamos atravesando una zona de turbulencias y que debíamos abrocharnos el cinturón, pero que esta situación no afectaba a la seguridad del vuelo. Inmediatamente, mi mente se congeló y quedó presa del pánico. Las manos me comenzaron a sudar y las piernas temblaban al mismo ritmo de los temblores de ese inmenso gigante negro y oscuro que me transportaba. ¿Cómo podría entender que, objetivamente, no estaba ante un peligro real pero que, en mi mente, se había quedado registrada esa sensación devastadora de terror que experimenté en la infancia cuando tuve mis primeras sensaciones de miedo al abandono?

Cuando pude, me levanté y fui a hablar con la auxiliar de vuelo, Laura, una hermosa mujer que parecía triste y solitaria en el transportín cerca de la ventana. Ella, muy amable, me preguntó si me podía ayudar en algo.

Por mi entrenamiento como terapeuta, pude percibir inmediatamente su tristeza; así que, para evadir mi propia sensación de mareo y malestar, le conté un poco sobre mi profesión. Ella me extendió la mano y, con los ojos encharcados, me dijo: «Me caes como del cielo. En estos momentos, siento una profunda tristeza: estoy fatal». Lo que ella no sabía era que yo, una mujer de cincuenta y cuatro años, terapeuta y escritora, estaba sintiéndome como ella, habitada por su niña interior herida. Le dije que había observado que no estaba bien y comenzó a desahogarse, contándome que le costaba un dolor terrible dejar a sus hijas pequeñas cada vez que debía salir a volar, que las echaba mucho de menos y que estaba teniendo dificultades con su pareja, pues él la acusaba injustamente de ser una madre ausente. Toda esta situación la atormentaba y le rompía el corazón.

Compartí con ella una poderosa sesión de *coaching* y acompañamiento; pude guiarla hacia la liberación de la culpa y, en nuestra conversación, reconocí que su herida era igual a la mía: la herida del abandono. Inmediatamente le pregunté cómo había sido la relación con su padre, y los ojos se le llenaron de lágrimas. Me di cuenta de que ahí estaba el problema; ahí estaba su herida activa y el origen de su dolor. Me contó que no estuvo presente durante su vida, que ella creció abandonada por él y que lo conoció cuando cumplió los dieciocho años.

Laura era la mejor madre del mundo y les daba a sus niñas tiempo de calidad más que en cantidad. Su sueño era viajar con ellas por el mundo, independientemente de si su marido se subía a ese viaje con ellas o permanecía en su posición de víctima.

La turbulencia se calmó y yo con ella. Mi corazón se aquietó y el temor desapareció cuando pude acompañar a otra persona en su sanación.

El planeta está compuesto por un tejido de corazones heridos que sobreviven a las guerras emocionales entre seres rotos, a quienes les cuesta mucho sanar. Nuestras heridas se esconden en el temor.

¿Reconoces qué decisiones no te has atrevido a tomar por culpa del miedo que te paraliza?

Hay situaciones que son complicadas de experimentar, ya sea una relación que no te llena, el estrés del trabajo o de la vida, una enfermedad que te impide vivir con normalidad o situaciones que te hacen estar en tensión, entre muchas otras. Estas situaciones, muchas veces, se usan para culpar a otras personas de tu alrededor, pero ¿crees que la causa está fuera de ti?

Haz un inventario de cuáles son aquellas situaciones que te hacen sentir insatisfecho o infeliz y que reconoces que son causadas por el temor, por no movilizarte a producir cambios en tu vida. ¿Cómo te sentirías si afrontaras ese temor y tuvieras la oportunidad de ser feliz?

Meditación. Tus temores

Dentro de nosotros habitan dos seres, el valiente y el saboteador

6.7. MÁSCARAS

Mi píldora para el alma

¡Un día la vida te empuja y te pone frente a tus peores miedos! Ese día descubres lo valiente que nunca pensaste que podrías ser.

En la psicología se hace referencia a que las máscaras reflejan los modos de ser que, si no se trabajan, se acaban convirtiendo en trastornos de la personalidad, al estar restringidos o en su lado oscuro. Reconocer tus heridas activas también es una parte fundamental de tu proceso de evolución espiritual, por lo que vas a tener que hacer un escáner de tu alma para poder comprender tu propia máscara. Este examen emocional se lleva a cabo al hacer un inventario de los recuerdos más dolorosos de tu historia, esos que siguen sangrando en tu interior cuando los revives.

Debes reconocer las heridas que se han creado a lo largo de tu historia; cada una de ellas esconde una amenaza a tu integridad emocional. Por eso has aprendido a esconderlas con una máscara o un falso modo de ser para protegerte. Para que puedas ir avanzando con esta tarea, te dejo a continuación los seis tipos de máscaras que hay y sus heridas activas, para que puedas identificar cuál es la tuya:

1. **Máscara del histriónico.** Las personas que usan esta máscara se caracterizan por un patrón de búsqueda de atención, incluyendo un comportamiento seductor inapropiado y una excesiva necesidad de aprobación. Los sujetos histriónicos son muy animados, dramáticos, vivaces, entusiastas y coquetos. Su herida activa es no ser vistos y no ser reconocidos, ser negados en su existencia.
2. **Máscara del dependiente.** Estas personas tienen un intenso miedo a la soledad y un pánico atroz a la ruptura; suelen sentir deseos urgentes de retomar una relación finalizada, a pesar de lo dolorosa que esta haya podido ser. Se caracterizan por ser inestables en su dimensión emocional, destructivas y marcadas por un fuerte desequilibrio, donde el dependiente se somete al otro, lo idealiza y magnifica. Para el dependiente, esta situación afecta de forma negativa a su autoestima. Pese al malestar y el sufrimiento que la relación les causa, se sienten incapaces de dejarla, siendo los intentos nulos o fútiles. Su herida activa es sentirse desamparados, abandonados y rechazados; no ser capaces de ser ni de hacer algo que necesitan hacer.
3. **Máscara del evitativo.** Estas personas tienen un patrón generalizado de inhibición social. Son aquellas que evitan la interacción social y prefieren permanecer protegidos y solitarios en su propio mundo. Tienen sentimientos de inadecuación, hipersensibilidad a la evaluación negativa de los demás; temen al rechazo o a la desaprobación, y evitan la conexión social. Se consideran socialmente ineptos, con escaso atractivo personal, y evitan socializar, por temor a ser ridiculizados, humillados o rechazados o, simplemente, desagradar. Su herida activa es el temor por ser vistos, humillados, descalificados y a que se burlen de ellos.
4. **Máscara de Narciso.** Las personas narcisistas tienen una marcada sobrestima de sí mismos y de sus habilidades y una necesidad excesiva

de admiración y afirmación. Sufren una especie de enamoramiento de sí mismos o una vanidad excesiva, basada en un exceso de ego. La palabra procede de un antiguo mito griego sobre Narciso, un joven de especial hermosura que se enamoró insaciablemente de su propia imagen reflejada en el agua. Su herida activa es el temor por ser vistos, pero no queridos; no ser reconocidos socialmente; ser denigrados o descalificados.

5. **Máscara del antisocial.** Estas personas no pueden adaptarse a las normas sociales; actúan por impulso, cometiendo incluso delitos graves. Adolecen de ausencia de empatía y remordimiento; no sienten preocupación por las consecuencias de sus actos irresponsables. Experimentan egocentrismo, extroversión, exceso de hedonismo y altos niveles de impulsividad. Su herida activa es ser tratados como ciudadanos de segunda clase.

6. **Máscara del obsesivo y perfeccionista.** Son personas que toman precauciones descomunales; reflejan una profunda inseguridad personal, una preocupación excesiva por los detalles, las reglas, las listas, el orden, la organización y los horarios. También sufren un perfeccionismo que interfiere en la actividad práctica, una rectitud y una escrupulosidad enorme, junto con una preocupación injustificada por el rendimiento; sufren rigidez y obstinación, tienen un intenso sentido del deber e hiperexigencia hacia sí mismos y los demás. Su herida activa es sentir que no son suficientes, que son poco valiosos y viven con temor a equivocarse.

Es tu turno para identificar tu modo de ser. Haz una descripción de ti mismo con tus luces y tus sombras y encuentra las heridas de tu historia que están activas.

Es absolutamente necesario sanar a tu niño interior para, así, comenzar a vivir como un adulto responsable y no desde tu niño víctima y herido. En ese sentido, la mayoría de la población mundial vive en desregulación emocional, hiriendo a quienes los rodean con la justificación de que ellos también fueron heridos y, así, la humanidad se ha convertido en una cadena interminable de perpetradores que van por la vida sin conocerse. Se trata, entonces, de una batalla oculta entre el ego y el espíritu; el ego siempre trata de engañar al espíritu, frenando así el crecimiento espiritual.

Cuando logres deshacerte de tu máscara y sanar a tu niño interior, habrás ganado esa batalla espiritual y descubrirás tu verdadera esencia, tu alma, tu diamante interior.

Con respecto a las huellas que vamos a dejarles a los demás cuando partamos de este mundo, es fundamental hacer una reflexión sobre cómo nos perciben las personas que amamos. Veamos algunos ejemplos de esto: un padre cuyo modo de ser adopte la máscara de Narciso será una persona con una postura crítica y autoritaria desde su sombra de vanidad excesiva. Seguramente, en ocasiones pase por encima de las opiniones y necesidades de sus hijos, incluso llegando a violentarlos con sus palabras o imposiciones.

¿Cuál es la huella que está dejando en el corazón de sus hijos ese padre? ¿Cómo será recordado cuando él ya no esté? Una madre cuyo modo de ser adopte la máscara desde su sombra de ser obsesiva y perfeccionista será una persona que se preocupe demasiado, con exigencia excesiva y con una gran rigidez mental. Prestará una exagerada atención a las normas, las leyes, el orden, el control de todo y de todos y se centrará en exigir más de lo normal. En ocasiones, podrá herir a sus hijos por sus críticas y correcciones constantes, llevándolos al punto de la desesperación y causando que, al llegar a la mayoría de edad, prefieran alejarse de ella. ¿Qué huella estaría dejando una madre así en las personas que la rodean? ¿Cómo la recordarán cuando ya no esté?

Es fundamental que comprendas que usas tu máscara para cubrir tus heridas activas. Solo alcanzarás tu libertad interior cuando reconozcas y resuelvas cada una de ellas para poder regresar a tu esencia y, por fin, te atrevas a quitarte esa careta para mostrarte al mundo de un modo auténtico y en tu mejor versión.

Meditación. Tus máscaras y heridas activas

107

6.8. SOMBRAS

Mi píldora para el alma

**Para encontrar tu iluminación,
encuentra la ruta caminando a través de tu alma.**

La sombra es la conducta oscura que nace del inconsciente del ser humano y que no es reconocida como propia. Es un aspecto inconsciente de la personalidad; es aquello que no aceptamos de nosotros mismos: rasgos del carácter heredados o aprendidos que forman parte de nuestra personalidad oculta reprimida; es la contraposición de lo luminoso y bueno que hay en nosotros. También es el mal dentro del ser humano que llega a tener mucho poder cuando se niega o se reprime, porque se alimenta del miedo.

Pero ¿cómo podemos reconocerla? ¿De qué trata eso de hablar con tu «yo»? Acepta y abre tu consciencia, aunque te cause dolor o te preocupen las críticas que los demás te hacen. Una vez hayas desnudado tu alma de toda presencia del ego o falsa humildad, invita a tu sombra a pasar a tu habitación. Siéntate frente a ella, aunque te cause temor, y dialoga con ella. Intenta averiguar de dónde viene, qué teme, qué pretende y, sobre todo, de qué quiere protegerte cuando aparece tan monstruosamente.

¿Cuántas veces has notado los defectos de los demás y te has quejado de ellos? La mayor expresión de tu ego es cuando responsabilizas a los demás de tu infelicidad. Detenerte a reflexionar sobre tus propias sombras es el camino hacia tu propia transformación para lograr la mejor versión de ti mismo. De esta manera, llegarás a comprender que gran parte de las dificultades y los obstáculos en tus relaciones son creados por ti mismo, en complicidad con tu sombra. La sombra, según Carl Gustav Jung, es la suma de todas las facetas de la realidad que no reconocemos o no queremos reconocer en nosotros; es nuestro mayor enemigo. Normalmente, la tenemos, pero no somos conscientes de ello; por lo tanto, no la conocemos. La sombra es la manifestación oculta del ego.

Según la psicología, existen diferentes formas de ser entre las personas que podrían llegar a convertirse en trastornos de la personalidad, al no ser reconocidas y trabajadas. Estas contienen claras manifestaciones de la sombra del ser humano.

Los trastornos de la personalidad son un grupo de condiciones mentales que conllevan pensamientos y comportamientos que no son saludables. Son conductas que provocan problemas importantes y destructivos y afectan poderosamente a las relaciones con otras personas. Los genes intergeneracionales y las experiencias de la niñez son algunas de las causas que desencadenan estos trastornos. Los síntomas de cada trastorno de personalidad son diferentes. Pueden ser leves o severos; a las personas con estos trastornos les cuesta darse cuenta de que tienen un problema. Por este motivo, culpan a los demás por sus problemas relacionales e intentan pedir ayuda, debido a sus dificultades en sus relaciones afectivas y en el trabajo. La logoterapia, como psicoterapia que despliega la espiritualidad y el sentido de la vida, es de gran ayuda para que las personas puedan reconocer las sombras presentes en su modo de ser y en su eneatipo de personalidad.

En mi caso personal, después de tanto dolor, puedo fácilmente reconocer las máscaras de los míos, la de mi madre, la de mi padre, la de mis hermanos y las de mis consultantes. Todos tenemos máscaras que, si no trabajamos arduamente por deshacernos de ellas, se nos van quedando pegadas con cemento, hasta desfigurarnos el rostro, la vida y el ser. Nuestro trabajo espiritual más difícil es lograr ver la luz que se encuentra detrás de cada máscara y que no puede brillar a través de ella.

Cuando alguien a quien amas te causa tanto dolor, es casi imposible ver al ser luminoso que se esconde detrás de su máscara. Hay seres a quienes la máscara se les ha fundido con su propia piel, formando una amalgama o una coraza de hierro imposible de arrancar. Estos seres atrapados en la cárcel de su ego me dan pena, pero nadie puede empujar la elevación de la consciencia ni la evolución espiritual de nadie; cada uno tiene su momento sagrado de transformación cuando es abordado por el dolor maestro, aunque hay quienes simplemente se acostumbran y permanecen estancados y presos por la eternidad.

Suelta, deja ir y acepta

La sombra es aquel virus oculto que aparentemente pasa desapercibido; no se ve a la luz de la personalidad de la persona, pero habita oculto tan poderosamente en su interior que, poco a poco, va aniquilando las relaciones afectivas y hasta su propio ser.

A continuación, voy a abrir y desnudar mi corazón y mi vida, con la valentía más grande que haya experimentado jamás. Me atrevo a hacerlo ahora con el único propósito de que, de mis heridas aún abiertas y sangrantes, pueda salir un fruto de aprendizaje y sabiduría; que te sirva para comprender y transformar tu vida, tus sombras y tus propias heridas.

Mi esposo hasta hace apenas un par de meses, ahora mi exesposo, y yo éramos una pareja que, de cara a la sociedad, parecía tan perfecta, tan sólida, tan real y amorosa que causábamos sensación a donde quiera que fuéramos.

Nosotros mismos intentábamos creer que nuestra relación era hermosa, romántica y estable. Éramos una pareja aparentemente ideal: la gente me veía como una mujer muy guapa, inteligente y empática; él era un hombre apuesto, atractivo y vanidoso; incluso vestíamos a la perfección. Teníamos el empaque perfecto; éramos una pareja de esas de escaparate.

Esto les sucede a muchas parejas: caen en una especie de autoengaño, debido a que empiezan a normalizar lo que no quieren ver, acostumbrados a esas sombras ocultas que, poco a poco, van abriendo grietas por donde se va derramando el agua, hasta dejarlo reseco y deshidratado y, de este modo, el amor, sin darse cuenta, va muriendo de inanición.

Esta es mi propia historia. Después de estar investigando, estudiando, certificándome en mil teorías, fue solo cuando se me derrumbó mi mundo y se me desgarró el alma cuando comprendí que mi sombra, el eneatipo 2, y la sombra del eneatipo 3, la del hombre con quien había compartido un matrimonio de dieciséis años, serían las que nos pasarían factura tarde o temprano. Era un matrimonio que estaba sentenciado. Aunque intentamos salvar lo insalvable, la factura de tanto dolor acumulado llegó a destruir aquel sueño romántico y cínico de «hasta que la muerte los separe»; sueño que muchas parejas, como nosotros, quisieron alcanzar pero que, cuando se estrellan dos sombras de la personalidad tan arraigadas desde la infancia, es totalmente imposible que se haga realidad. No se puede sobrevivir a dicha oscuridad, la cual va cubriendo de tinieblas al alma, la vida y la piel.

Este es el fin de mi historia y, a la vez, el comienzo de mi total iluminación y esclarecimiento.

Confieso que quise ponerla con identidad oculta y traté de cambiar a los personajes, haciéndolos pasar por mis pacientes; sin embargo, una voz en mi interior me gritó: «Paula, ¡quítate la máscara de una vez por todas pues, si esta historia es realmente auténtica, aunque sea desgarradora, será lo que verdaderamente ayude a quienes te lean! Puede que, a través de tu historia, sientan la inspiración suficiente para transformar y sanar sus vidas. Entonces, será ese el momento, solo ese, en el que podrás tener la evidencia real y científica de que tu método realmente funciona y cambia vidas».

Al final de esta historia, al menos la de este libro, debo confesar mi verdad; si no, no sería auténtica y genuina, y escondería mis heridas detrás de otra piel.

La historia de mi matrimonio es una de esas historias de las que hay tantas en nuestra sociedad; «un cuento de hadas» que, al final, resultó ser un cuento de hiel.

La hiel es ese líquido de color amarillo verdoso con sabor amargo que ayuda a descomponer los alimentos, por su ácida composición. A su vez, la hiel es un sentimiento de intensa pena y amargura, como el que nació en mi corazón.

Para poneros en contexto, quien hasta hace un par de meses fue mi esposo es un eneatipo 3. Como ya sabemos, el eneatipo 3 es triunfador y vanidoso. Su pecado es la vanidad. Este eneatipo es buscador de estatus y trata que el mundo lo reconozca como el «mejor». Es fundamental para él sentir que tiene éxito y que causa buena impresión. Suele esforzarse por ser el mejor y que los demás lo sepan. Lo molesta mucho que los demás no reconozcan la excelencia en lo que hace. Tiene adicción al trabajo; se siente perdido y vacío si no está realizando cosas. Quieren ser vistos como las «estrellas» y desean caer bien. En sus familias, el éxito significa tener cultura, dinero y estatus. Necesitan fortalecer su autoestima, recibiendo abundancia de elogios y atención positiva. También aprendieron a cultivar y desarrollar en ellos todo lo que pueda impresionar a los demás. Tienen tanta necesidad de alcanzar el éxito que desconectan de sus sentimientos y de los sentimientos de los demás. Desde sus primeros años, aprendieron a hacer las cosas tratando de obtener una recompensa y se van alejando de su esencia; esto es algo que llegan a notar los demás más que ellos mismos.

Temen profundamente ser eclipsados por los logros de los demás, específicamente por quienes tienen más cerca. Desean impresionar y cultivar la que consideran que será la imagen más atractiva posible. Son muy ambiciosos e inseguros de sí mismos; por eso caen en el pecado de la conquista o la coquetería, para sentirse adulados, vistos o reconocidos. Desean ser deseados y esa es una de las trampas más peligrosas para ellos. Por eso, inconscientemente, desean intimidad para sentirse seguros y admirados. También tienen terror a que no se fijen en ellos y tratan de convencer a los demás de la realidad de su pretendida magnificencia. Suelen ser arrogantes para esconder su secreto estado de necesidad de ser vistos, apreciados y reconocidos. Para salvar su imagen, en ocasiones comienzan a engañar y a engañarse, diciendo o haciendo lo que sea necesario por causar admiración, mientras que, por dentro, se sienten vacíos y deprimidos. Están tan desesperados por atraer admiración que hacen lo que sea necesario para encubrir su falsedad y deterioro. Tampoco quieren que nadie sepa sus problemas y, bajo su apariencia de éxito, encubren su enfermedad emocional.

Si el eneatipo 3 no eleva su consciencia para comprender cuándo actúa desde su sombra, perderá el dominio de sí, y su «hostilidad reprimida» le pasará factura con sus afectos más cercanos pues, inconscientemente, intentará vengarse de aquellas personas que, aparentemente, no le brindan la aprobación y atención que él necesita para nutrir su ego. Esto lo llevará a la destrucción de sus vínculos, dejándolo solo con sus trofeos y sus éxitos, por los cuales ha pagado un elevado precio emocional.

Yo, en cambio, soy un eneatipo 2, dependiente. El eneatipo 2 es ayudador y salvador. Su pecado es la soberbia. Temen ser abandonados; por eso, endeudan a los demás afectivamente, siendo dependientes emocionalmente y permisivos, incapaces de poner límites para cuidar de sí mismos y sus necesidades o deseos. Para salvar su imagen, echan en cara a los demás todo lo que han hecho por ellos, diciéndoles que son ingratos, egoístas y desconsiderados. Inspiran lástima, colocándose en una posición de víctima, para compensar su falta de amor propio. Complacen exageradamente a los demás, para que los demás dependan de ellos, con la intención oculta de asegurarse de que no los abandonen. Creen tener derecho a todo lo que desean porque han sufrido mucho y, en ocasiones, manifiestan su necesidad de afecto de un modo equivocado. No soportan el hecho de lastimar a sus seres más cercanos; esto los afecta mucho física y emocionalmente, llevándolos a convertirse en mártires. Esto lo hacen inconscientemente para lograr que los demás los cuiden y permanezcan a su lado por su profunda herida y por temor al abandono. Si el eneatipo 2 no eleva su consciencia para comprender cómo se vincula con los demás desde su sombra, estas actitudes terminarán por alejar a sus seres más cercanos, quienes al final no valorarán o rechazarán sus ofrecimientos de exagerada generosidad, acompañada de una actitud pasivo-agresiva con la que se busca retener a los otros a través de sus favores y acciones salvadoras.

Yo lo conocí en un momento en el que estaba herida de muerte por mi historia: acababa de salir de un período de tres meses de cirugías invasivas y hospitalizaciones y había tenido que aprender a comer de nuevo, pues me habían amputado casi todo el intestino y me habían alimentado por una sonda colocada en la vena del cuello para sobrevivir; estaba, literalmente, sola y devastada. Al estar agotada emocionalmente, estaba buscando un puerto de llegada afectivo que me proporcionara nutrición emocional y refugio, pero no era consciente de que estaba en un período de altísima vulnerabilidad y fragilidad y esto disparó mi codependencia. Por esto debemos tener mucho cuidado del momento emocional en el que nos vinculamos afectivamente con alguien, debido a que podemos equivocarnos fácilmente y elegir a la persona equivocada por las razones equivocadas. Y esto mismo fue lo que me pasó a mí; no fue hasta dieciséis años más tarde cuando lo pude comprender.

Por eso mismo, caí en el enamoramiento; en el romanticismo cínico en el que creí que esta vez sí había encontrado el amor verdadero, que esta vez esta nueva relación me llenaría y me llevaría a ese puerto de amor y plenitud que había estado buscando toda mi vida.

Lo más doloroso es sentir que hoy, a mis cincuenta y cinco años recién cumplidos, mi herida de abandono desde la primera infancia, que se había reabierto y había sangrado a los quince años, cuando tuve que soportar tanta violencia física y emocional sin saber cómo poner límites a mi agresor, es la misma que me hizo repetir la misma conducta autodestructiva tantos años después; es decir, que aún habitaba en mí esa pequeña niña herida a quien su pareja a los quince años le reventó el alma y le quemó la piel; solo que ahora, a los cincuenta y cinco años, seguía igual de frágil y vulnerable. ¿Cómo podía estar viviendo semejante situación tan paralizante y perturbadora? ¡Qué gran frustración e impotencia! ¡Qué gran dolor!

La rabia más profunda y destructiva no era con él; era conmigo misma, por no haber sido capaz de protegerme, de proteger a esa niña rota que aún lloraba en mi interior.

Esto lo veo todos los días en mi consulta: parejas que inician relaciones nuevas con la ilusión de que esta vez sí funcione, porque esta persona tiene todos los atributos que la expareja no tenía.

Él y yo comenzamos esta nueva relación en la que cada uno aportaba su pesado equipaje emocional, cargado de historias fallidas y de nuestras propias sombras.

¡Luché por salvar el vínculo durante casi dieciséis años! Intenté amarlo intensamente aun con sus sombras; me rompía y me reconstruía una y mil veces, e incluso llegué a pensar que nuestro matrimonio era estable y fuerte.

Cuando descubría su agenda oculta y clandestina, la cual nacía del vacío de su alma, yo de nuevo perdonaba creyéndome sus lágrimas y, de nuevo, batallaba entre temblores, gritos de impotencia, discusiones, perdones y arrepentimientos, hasta que se convirtió este modo de relacionarnos en una espiral que poco a poco, silenciosamente, nos fue consumiendo, apagando, destruyendo...

Él necesitaba alimentar la sombra de su vanidad, la cual nacía de su inseguridad y de su necesidad de conquista de otras mujeres, a través de la cual se sentía visto, adulado, reconocido y seductor. Yo necesitaba cuidar, salvar y rescatar a un hombre a quien, inconscientemente, trataba como a un inválido emocional, que necesitaba ser reformado y restaurado. La relación comenzó con un cojo ayudando a otro cojo a caminar.

Esto sucede en la mayoría de los vínculos, razón por la cual, hasta que las personas no se detienen a revisar y a reconocer sus sombras ocultas para no reprimirlas, sino trabajarlas, es imposible que las relaciones afectivas funcionen de un modo luminoso y trascendente.

Después de casi dieciséis años de relación, nuestro matrimonio estalló en mil pedazos, porque las sombras de cada uno hundieron nuestra barca hasta el fondo de un mar oscuro, en un calamitoso naufragio.

Yo llegué a mi consulta contándole a mi terapeuta que sentía que compartía la cruz de Cristo, pues parte de la misión del Señor en la vida era experimentar la herida de la traición marcada en su piel con cada uno de los latigazos y escupitajos que recibió a lo largo del vía crucis. Yo escribía para desahogarme, mientras atravesaba la noche oscura del alma y, después, compartía con mi terapeuta mis manuscritos, los cuales lograban estremecerlo cuando los leíamos juntos, mientras yo derramaba lágrimas de impotencia e indignación.

Durante una sesión en la que me dispuse a contarle cómo él me había sido infiel a lo largo de una relación de dieciséis años, de modo clandestino y oculto, le puse a mi relato el título de *El fin de una historia que parecía de hadas y era de hiel.*

Voy a atreverme a dejar aquí un fragmento, para que entiendas cómo comenzó todo y esta historia te ayude en la comprensión de tu propia sombra y la de tu pareja:

Jesús dijo: «Tengo sed». Había allí un recipiente de vinagre, empaparon una esponja, se la acercaron a la boca y, después de haber bebido este trago de hiel, dijo: «Todo se ha cumplido». E, inclinando su cabeza, entregó su espíritu. En nuestra historia, todo se ha cumplido y, por eso, hoy hay que sepultarla, para que finalmente descanse en paz; por eso hoy inclino mi cabeza, dejando que las lágrimas rueden por la piel del alma, lacerada, herida y escupida por tu traición.

La hiel que baña mis sentimientos es tan amarga y ácida que descompone y tritura las fibras de lo que parecía una historia de hadas que terminó siendo una historia de hiel, atravesada y destruida con la lanza de tu traición. Después de dieciséis años de recurrentes deslealtades, mentiras e historias de encuentros digitales íntimos y clandestinos, con tus múltiples conquistas, amigas con proximidades, exnovias, amantes platónicas y ocultas, llegas como la crónica de una muerte anunciada, en el momento de la estocada final, la puñalada de la muerte.

Asesinaste esta historia que, sin darnos cuenta, yacía muerta desde esa fatídica mañana en Madrid, el día después de mi cumpleaños; viaje en el que me sentía tan feliz y estábamos aparentemente tan enamorados. Esa mañana intentabas escapar de nuestras sábanas para propiciar otro de tus encuentros clandestinos con aquella francesa y hacerle el amor en una tarde española, como se lo propusiste con tantas ansias a través de tus chats ocultos, mientras estábamos los dos juntos en nuestra cama.

¿Hasta dónde puede llegar tanta desfachatez? Escribirle a tu amante estando acurrucado conmigo en nuestra soñada luna de miel...

Eran las mismas propuestas que ya le hacías mientras entrabas en una iglesia para casarte conmigo en Italia, para jurarme amor y fidelidad, hasta que la muerte nos separara.

Esto lo sé porque lo descubrí ese día cuando, como de costumbre, encontré de nuevo tus mensajes sensuales, coquetos, con propuestas íntimas y clandestinas; propuestas que fueron permanentes a lo largo de todo nuestro matrimonio, pues encontré la secuencia de los mensajes, los cuales lo dejaron todo claro expuesto y explícito.

Una y otra vez, me reventaste el corazón en mil pedazos y, como de costumbre, ya estabas entrenado para pedir perdón una y mil veces y desplegar el guion ya aprendido de memoria y ensayado en las múltiples escenas de tu teatro. Mientras mi alma dolía de nuevo sangrante por la puñalada de tu traición, me escribiste:

Te quiero... Fue un error sin fondo ni fundamento; sin pensarlo, hice daño. Por favor, no tiremos todo lo que hemos construido por un error estúpido de una persona —usualmente íntegra— que cometió un error. Discúlpame, amor de mi vida, y espero que te des cuenta de que esto tiene solución. Amor mío, quiero que sepas que mi vida comenzó el día en que te conocí; nunca conocí el amor y me enamoré de ti profunda y eternamente, hasta lo más profundo de mi ser. Amor mío, te llevaré en mi corazón siempre y te esperaré en este mundo o donde sea, para que podamos ser marido y mujer por toda la eternidad.

Él era absolutamente incapaz de mantener una relación adulta, ética, comprometida y basada en unos valores; él tenía una adicción a la conquista y a la adrenalina que esta le generaba. Era tan inseguro que vivía desde la herida del abandono y, paradójicamente, tenía tanto miedo a ser abandonado que necesitaba sentirse visto, validado, adulado y deseado por las mujeres. Pero, esta vez, estaba perdiendo el amor de su vida; su juego desleal, clandestino, irrespetuoso y deshonesto estaba reventando el corazón de la mujer que amaba.

Yo estaba rota, pero seguía intentando que la relación funcionase. Aquí es evidente la sombra de mi personalidad 2: la conducta de salvar, rescatar o ayudar a la pareja ejerciendo el papel de madre, cuidadora, educadora y reformadora. Es un «necesito que me necesites»; te salvo y, por ende, me amas, pues te endeudo emocionalmente para que te quedes a mi lado... ¡Patético!

En su loco afán por demostrarme que dejaría a su amante, le escribió una carta, la cual me puso en copia como prueba de su intención de mantenerse fiel y leal, fallida intención que jamás logró:

Paula está herida...

Fue por mi culpa, y también por la tuya.

Sé que hemos sido «amigos inapropiados» y nos comunicamos digitalmente a través de los años, y la verdad es que sí hemos sido amigos inapropiados a veces, pues ambos estamos casados con otras personas.

Por favor, comprende que estoy tratando de salvar mi propio matrimonio, por lo que te pido que esta sea nuestra última comunicación. No puedo controlar lo que Paula haga con nuestros chats clandestinos si se los manda a tu marido...

Te sugiero que, simplemente, le digas que nunca más volverás a estar en contacto conmigo.

Nunca más lastimaré a la mujer que amo y a mí mismo por una vieja amiga en una relación que, en realidad, no existe y no tiene futuro.

Lo siento, por mi parte, por haber entrado en este juego estúpido, tonto y sin sentido. Esto no tiene sentido; quiero vivir en la realidad y esta amistad contigo no es beneficiosa ni honesta ni real, en muchos sentidos.

Como te digo, amo a mi esposa y estoy luchando por mi matrimonio, y eso significa que estoy cerrando todas y cada una de las líneas de este pasado contigo.

Te deseo todo lo mejor, pero me voy para siempre.

Por favor, no intentes contactar conmigo de nuevo, ya que no tengo ningún deseo de continuar ni lo haré; no voy a responder de cualquier manera, por el bienestar de todos los aquí involucrados.

Como no pudo ser de otra forma, su amante, con quien llevaba más de veinte años liado, le respondió:

¡Llámame urgentemente! Por favor, ¡necesito hablar contigo antes de que esto se ponga muy feo con tu esposa y mi marido!

Tú sabes la verdad tan bien como yo...

Tu esposa me volvió a amenazar con cont*árselo* todo a mi esposo.

Yo, finalmente, entre llantos, estremecida por tanto dolor, reuní todas las pruebas de esta traición y se las envié a su marido, quien terminó también destrozado, cayendo atrapado en esta red de traficantes de heridas. ¿Cuánto dolor han causado a los hijos de ambas parejas? ¿Cuántas familias han roto por negligencia y falta de ética en su comportamiento? Esto es a lo que yo llamo «estafadores emocionales», de quienes está llena nuestra rota sociedad por tanto relativismo moral.

Mi terapeuta me decía que yo había sido la cocreadora de esta historia. Yo lo supe siempre y, aun así, seguía a su lado soportando sus mentiras y deslealtad; los dos habíamos sido unos mentirosos: él, debido a que fue deshonesto tantas veces, y yo, porque me mentía a mí misma y me engañaba, al permitirlo y al realizar un máster en perdón tras perdón. Yo tuve muchas oportunidades de marcharme y elegí seguir amándolo en medio de su indecencia e inmadurez emocional, encerrada en la incapacidad de sostener un vínculo tan sagrado como el matrimonio.

Sus infidelidades recurrentes, que él veía como inofensivas, dado que según él eran solo virtuales o digitales, me alejaban cada vez más de su alma y de su lecho...

Él se quejaba de que yo me había ausentado y, en ocasiones, se sentía solo y abandonado. Él era incapaz de comprender que, cada vez que me rompía el corazón, yo construía un muro de contención más alto para protegerme y resguardarme; por eso, mi instinto de conservación femenino se había enfriado y había intentado alejarse de su alma y de su piel. Él, paradójicamente, usaba mi ausencia y mi desconexión emocional como pretexto para seguir alimentando sus aventuras deshonestas y clandestinas, hasta qué cayó preso de la trampa letal que aniquilaría nuestro matrimonio, nuestros sueños y hasta su propia reputación.

Dos años más tarde, él tuvo la peor de las recaídas; su sombra finalmente le pasó la peor y más cara de las facturas emocionales. Después de tantos juramentos fallidos, volvió a entrar en modo «conquista clandestina», como ya había sido habitual en él, pero esta vez mantuvo una relación íntima, sentimental y sexual con María Ángela, una mujer también casada, quien era responsable de tejer esta cadena de dolor.

Volvía a traicionar nuestro matrimonio con una mujer que, a su vez, no había cerrado del todo el suyo. ¿Cuánto sufrimiento se puede causar cuando se es un estafador emocional?

Él eligió de nuevo la traición, la infidelidad premeditada y cínica, en vez de salir de nuestra relación de un modo elegante y como un caballero.

Finalmente, yo hice lo que siempre quise hacer: me armé de valor para descubrir la verdad que siempre sospeché, pero no quise ver; moví cielos y tierra durante un mes completo hasta que obtuve las pruebas y evidencias. A su lado, ya me había vuelto una experta; contraté a un par de detectives, quienes comprobaron lo que, en el fondo, mi intuición ya sabía. Nuestro sexto sentido siempre va a ser el mejor indicador de la verdad.

De nuevo investigué quién era su marido y lo contacté, revelándole también todas las pruebas de esta fatídica novela de dolor que, capítulo tras capítulo, se repetía cambiando solo algunas de las actrices, pero manteniendo al protagonista, el impostor.

Ya eran cuatro las familias que sus actos ilícitos habían destruido.

Finalmente, lo dejé.

En mi carta de despedida, le escribí:

No se puede ir por la vida rompiendo almas, mintiendo y engañando. ¿No fue suficiente el dolor que le causaste al marido de tu amante y a sus hijos? Destruiste a una familia. Destruyes emocionalmente a mis hijos, quienes saben ahora absolutamente toda tu verdad; es decir, tus engaños, mentiras, doble moral y traiciones.

Desde hace tiempo que tengo pruebas concluyentes de absolutamente toda tu deshonestidad y doble moral. Tengo en mis manos todo el informe con las pruebas que llevo recopilando desde hace meses para iniciar una demanda de divorcio contencioso por infidelidad. He decidido transformar mi dolor en un bien que aporte algo constructivo a la sociedad; por esta razón, te voy a exigir una indemnización por los daños y perjuicios causados a mi integridad emocional y moral; sin embargo, dado que yo no necesito nada tuyo, el dinero que estipule el juez lo donaré a una fundación sin ánimo de lucro que apoya a víctimas de adulterio, abandono de hogar y violencia psicológica. Quizá hasta pueda crear jurisprudencia; es decir, que mi caso sirva para crear una ley por la que se exija una pensión sancionadora a las personas maltratadoras e impostoras que van por la vida rompiendo almas sin ninguna consecuencia. Este hecho debe tener un acto de reparación, una enmienda, una sanción moral y social.

Me despido de ti con dignidad y honestidad, aceptando que también tengo defectos, que también pude cometer errores, pero que jamás te deshonré ni falté a este vínculo que, para mí, fue sagrado desde el día que te juré fidelidad y honestidad frente a Dios en el altar.

Que nuestro matrimonio deshonrado por tus acciones deshonestas descanse en paz. Q. e. p. d.

Después le dediqué esta columna que publiqué el día de su cumpleaños, sin haberlo planeado, con dolor y valentía:

¿INFIDELIDAD, MODA, VICIO O VACÍO?

La infidelidad y el adulterio están rasgando la dignidad y el tejido humano de nuestra sociedad. Afecta a la pareja, quien es víctima del impostor. Afecta y daña la dignidad de la amante o del amante, quienes son usados para canalizar un deseo sexual y para intentar llenar un vacío que el infiel no es capaz de llenar por sí mismo. Afecta y daña al infiel, pues engaña a su propio ser.

Afecta a los hijos, quienes sufren la vergüenza y la traición, representada en los actos de deslealtad e irresponsabilidad.

Es fundamental reflexionar sobre dos tipos de infidelidad: la que se comete por un impulso o equivocación ocasional y la que se vive como un estilo de vida de modo habitual.

Vivir el adulterio de modo permanente y recurrente es lo que está contaminando los vínculos que, en cambio, deberían honrarse y cuidarse como la joya más preciada.

Hoy nos preguntamos si la infidelidad es una moda, un vicio o, desde el punto de vista espiritual, una manifestación del vacío existencial.

Desde mi punto de vista, creo que es un acto inmaduro y deshonesto que cometen las personas que no honran los valores y que carecen de autogobierno y templanza para resistir la tentación.

Las personas que viven la infidelidad de modo deshonesto, clandestino y adúltero no se detienen a pensar cómo con sus decisiones revientan el alma de muchas personas: principalmente, las de sus hijos y de sus parejas.

Todo acto deshonesto trae consecuencias nefastas e irreversibles que se deben asumir. En la mayoría de las ocasiones, cuando se trata de infidelidad, las consecuencias se convierten en una cadena interminable de dolor para las víctimas que, después, extiende su ciclo de sufrimiento, encadenando a los mismos infieles.

La infidelidad es un acto oculto y silencioso que, aparentemente, va pasando desapercibido, va penetrando del mismo modo en el alma de todo el sistema familiar y lo va oxidando, carcomiendo y rompiendo en las fibras más profundas.

Por eso es fundamental detenerse antes y comprender que no se puede pasar por la vida rompiendo otras vidas, sin temor a que esas consecuencias se creen y se devuelvan después, reventando la propia vida o la vida de quienes amamos.

¿Cómo lograr el control para no caer en la tentación? Les suelo aconsejar a mis consultantes que podrían detener el impulso de ser infieles pensando que una vida vivida con sentido conlleva hacer renuncias e incorporar en su jerarquía de valores un ¡no! contundente al placer sin reglas morales. Este consejo va sobre todo como manual de vida para los jóvenes.

Lo peor que le puede pasar a una persona es cometer un grave acto de deslealtad y traición y, aun así, pretender ser feliz a costa del dolor de otros... La verdad es resiliente, la verdad es siempre más fuerte que la mentira; por eso, los impostores ocultos al final siempre caen, como sus propias mentiras.

Es imperativo hacernos la siguiente pregunta: «Si para hacer algo te tienes que esconder, ¿es correcto lo que estás haciendo? ¿Construye la vida de otros o la destruye?».

Las relaciones pueden tener fecha de caducidad; las relaciones pueden pasar por crisis irreconciliables: todos tenemos el derecho de retirarnos de una relación con respeto y dignidad. Lo que no está bien es engañar, tener doble moral o una agenda oculta, pues esto rompe la posibilidad de que la relación se termine de modo amable y que se mantenga una buena amistad.

Los infieles siempre intentan justificar sus actos corruptos y turbios detrás de la posición cobarde de que no encuentran en su pareja lo que el amante les da; sin embargo, el adulterio y la mentira son absolutamente injustificables pues, si nuestra relación ya no tiene sentido, si el amor se ha terminado, si las peleas se han desbordado, lo digno y lo ético es levantar la frente y la voz para tomarle la mano a nuestra pareja, darle un beso en la frente y, en gratitud, dejarla libre, para que su alma pueda volar y encontrar otro nido.

Usar palabras íntimas y amorosas con otra persona fuera del vínculo; decirle «te quiero», «te extraño», «te necesito», «te deseo» no son expresiones inofensivas que se las lleva el viento. Transgredir el cuerpo de otro ser humano y violentar su alma en un acto de infidelidad sexual es violencia psicológica y trae consecuencias espirituales, morales y sociales implacables.

La infidelidad es moda; es claramente un vicio y, cuando es un modo de vida habitual, se convierte en una adicción a la adrenalina oscura de la conquista y es, definitivamente, una expresión del propio vacío interior.

Los infieles compulsivos son el peor exponente del egoísmo y el narcisismo; son unas máquinas de hacer heridas que, tarde o temprano, terminan reventando su propia vida y se van, poco a poco, autodesterrando a la soledad.

Cuando dos personas se casan, hacen un acuerdo sagrado y legal de mantener una relación monogámica. Romper este convenio conlleva una defraudación y una traición a lo que ambos integrantes acordaron: exclusividad emocional y sexual de uno a otro.

La confianza es un valor que se gana rápido y se pierde de un solo golpe: cuando se lastima o se traiciona, es casi imposible de recuperar; al perderse, todo queda reducido a cenizas.

Lo que no se puede permitir es que los perpetradores se salgan con la suya y no paguen por sus actos. Al igual que un asesino va a la cárcel, un mentiroso que destroza un hogar debería pagar por su traición. Yo, en mi caso, quise hacer jurisprudencia y doné mi parte de la manutención a una fundación sin ánimo de lucro que apoya a víctimas de violencia psicológica y física, adulterio y abandono de hogar. Hay muchas personas que no cuentan con los medios necesarios para recibir apoyo terapéutico. Hay ya algunas propuestas para sacar proyectos de ley para penalizar, de algún modo, el adulterio, pues está dejando aumento de suicidios, homicidios y graves problemas de salud mental.

La sociedad no debería seguir pasando este flagelo por alto. Puede que no necesites dinero y te puedas valer por ti mismo, pero eso no quita que estas personas que maltratan y son unas impostoras deban recibir su merecido. Hechos así no deben quedar sin consecuencia, por lo que se tiene que hacer una ley que sea independiente a si necesitas el dinero o no para vivir y conlleve una sanción para el maltratador.

Abre los ojos; anota esas cosas que se salen de lo normal y que te parecen extrañas; no caigas en el juego de cerrar los ojos para no ver la realidad.

Hoy te invito a que veas con ojos de realidad tu relación y que, si ya estás involucrado en una relación de infidelidad, reflexiones y pienses profundamente en las consecuencias tan devastadoras que estos actos traen a las personas que amas; esas heridas después se convierten en traumas muy difíciles de sanar.

¡Detente y trata de reparar, restaurar, sanar, todo el daño que has causado! Y no olvides que todo el daño que hacemos a otros, tarde o temprano, regresa a reventarnos por dentro con más fuerza, y las consecuencias serán nefastas, insostenibles y devastadoras. Si aún estas a tiempo, rompe el ciclo de dolor; si ya causaste daños irreparables, entonces, reflexiona sobre qué podrías hacer para cambiar el destino que inevitablemente estás construyendo para tu vida, el cual te conducirá hacia un abismo oscuro y cruel.

Mi píldora para el alma

La verdadera madurez emocional se logra cuando eres capaz de posponer placeres inmediatos por valores que construyen una vida con sentido al lado de tu pareja, para acompañaros hasta el ocaso de la vida.

Llegó un momento de mi vida en el cual perdí todos mis afectos más valiosos.

Al marcharme del país, había dejado atrás a mis padres, mi esposo, mis hermanos, mi país, mi misión en Casa de Paz y a mi familia extendida; a todo y a absolutamente todos, menos a mis hijos, que eran lo único que me quedaba y me sostenían en medio del dolor y de los múltiples duelos; sin embargo, ellos ya vivían sus propias vidas lejos de casa.

Comencé a enfrentarme a mis terrores más profundos al viajar sola en avión y en tren; a caminar sola por ciudades desconocidas, mientras temblaba de miedo por sentirme abandonada y vulnerable. Aprendí a comer sola en restaurantes; empecé a pasar sola largos fines de semana hasta que, poco a poco, fue naciendo en mí una nueva mujer, autónoma y empoderada. Fue entonces cuando mi pequeña niña herida se marchó y la pude liberar para siempre.

Pude liberarme yo también y romper esas cadenas invisibles de las cuales yo misma me había hecho presa.

Mi libertad era real: había soltado el peso y la esclavitud emocional que ya no necesitaba.

Ten confianza en tu propio proceso; a todos nos llega el momento de la iluminación o comprensión, ese momento sagrado en el que somos capaces de emitir cambios en nuestra estructura mental.

Una mañana de enero me levanté y sentí que me daba vueltas el estómago y la cabeza, como si hubieran metido mi vida a centrifugar en una lavadora y a mi corazón en una licuadora con cuchillas, para triturarlo en mil pedazos.

Eso era lo que sentía que él había hecho conmigo. Intenté levantarme de la cama, al enterarme de que todas las sospechas eran verdad, cuando comprobé que los detectives habían recopilado todas las pruebas y vi, con mis propios ojos, cómo a la persona a quien le había confiado el cuidado de mi vida, mi confianza, mis perdones, mis ilusiones y todo mi ser se le había caído la máscara de buen hombre amoroso y tierno para convertirse en un impostor, en un ser a quien yo desconocía que abrazaba y se entregaba a otra mujer... Sentí que mi vida había estallado en mil pedazos, como si mi corazón de carne se hubiera tornado, de repente, en uno de cristal y se me hubiera caído al suelo, rompiéndose en mil pedazos. Mi corazón había quedado hecho polvo.

Y también mi cuerpo. Del disgusto, me quedé literalmente inmóvil, con una contractura cervical paralizante. Todo el lado izquierdo del cuerpo se quedó congelado y contracturado. Sentía como si una docena de cuchillos me atravesaran de lado a lado. Al levantarme llorando del dolor físico y emocional, pude observar un pequeño charco de sangre en la cama. El choque emocional había sido tan severo y abrupto que mis intestinos y mi colon habían sangrado por dentro. Una hora más tarde, me veía en el espejo del hospital con mis tres hijos empujando una silla de ruedas que cargaba pedazos de una madre destruida por la espada de la traición.

Cuando me vi en ese estado tan lamentable, con la cara totalmente desfigurada por el dolor que sentía, mi alma gritó en mi interior: «En serio, ¿Paula? ¿Te vas a morir por este hombre? ¿Vas a permitir de nuevo que alguien te destruya de una manera tan cruel? ¿Y tus hijos? ¿Y tu vida? ¿Y tus sueños? ¿Y tus libros y proyectos?».

No podía respirar del dolor, no podía hablar, no podía caminar. Estaba ahí tirada de nuevo en una sala de un hospital solitario, frío y desolado. De nuevo, mi soledad y yo.

Esa misma noche, después de mil inyecciones y exámenes médicos, mis hijos, mis ángeles guardianes, me llevaron de vuelta a casa. Mi nuevo hogar era un pequeño apartamento en Madrid, el cual yo llamaba mi «nuevo hogar temporal», porque era la casa donde estábamos tejiendo planes para una nueva vida juntos, hasta que nos volviéramos viejitos de la mano.

Todo fue una farsa, una mentira y una falsedad. Sus palabras fueron falsas, sus promesas fueron falsas, sus abrazos fueron falsos y hasta sus lágrimas eran falsas.

Cuando regresé a ese falso hogar, descubrí la última de sus mentiras. Entre su madre y él, habían elucubrado todo el plan macabro final. Él se marchó en un viaje de trabajo prometiendo que volvería al siguiente mes para mudarnos a nuestro nuevo hogar, pues toda nuestra vida estaba guardada en un contenedor en una bodega. Recibí la estocada final y letal cuando descubrí que su armario estaba vacío y que, de modo clandestino, como lo hacía todo, se había marchado engañando, mintiendo y huyendo, al igual que lo hacen los animales rastreros, para camuflarse y escabullirse entre los escombros de su propio ser, igual de vacío y roto que su moral.

Yo lo había llevado días antes al aeropuerto con aquellas maletas cargadas de su cruda realidad. Al otro lado del océano, lo esperaba su amante para cobijarlo con su complicidad, salpicada de mentiras y dolor pues, en los escombros de su hogar, estaba su marido quien, como yo, también era víctima de dos impostores que rompían corazones y vidas sin temor a las consecuencias.

Pero yo creo en la justicia. Solo me queda esperar ahora en la tribuna del destino justo y divino para ver cuál es el final de esta historia, puesto que no se puede ir por la vida rompiendo vidas sin crear las consecuencias que el día menos pensado llegan a pasar la cuenta de cobro y la factura espiritual.

Ahora, mientras escribo el final de mi relato, siento que soy una nueva mujer; que de mí ha nacido mi mejor versión, la mejor representación del ave fénix. Siento que he renacido de mis cenizas, que me he reinventado para restaurarme y levantarme de nuevo. Cuando salí del hospital, me juré a mí misma que jamás volvería a romperme por nadie y que atravesaría el túnel del dolor hasta ver la luz. Ahora mismo comprendo al fin que era necesario bajar hasta las profundidades del infierno del dolor para quemarme hasta desfallecer para renacer de mis cenizas y levantar un nuevo vuelo.

Meses más tarde, estaba brillando como una estrella en el firmamento presentando mi nueva obra en las mejores librerías y ferias del mundo. Y comprendí que nunca está más oscuro que antes de amanecer.

Entendí que no se puede pulir el diamante del alma sin romperlo y triturarlo para sacarle los negros carbones para que pueda brillar. Aprendí a pulir el diamante de mi alma y hoy es mi joya más preciada.

Finalmente, y tras meses de mucho dolor, llegué a la siguiente conclusión: hay que soltar, dejar ir y aceptar.

Decir adiós es crecer, para así convertirte en el refugio de tu propia transformación y liberación. Es evidente que la vida se compone de ciclos que comienzan y, luego, terminan, para dar paso a ciclos nuevos. Se podría decir que el paso por la existencia humana es una colección de ciclos que se van entrelazando, para crear el tejido de la sabiduría espiritual, si se aprovechan para aprender de ellos y evolucionar.

El apego es la fuente de sufrimiento más poderosa que existe; por eso, aprender el arte de aceptar y dejar ir se convierte en la maestría espiritual más elevada que puedes llegar a alcanzar. El apego más importante en la vida de una persona aparece durante su primer año de vida, pues es el que nos genera seguridad, supervivencia, refugio y, además, construye las bases de la autoestima. Cuando un niño se siente no visto, abandonado, no escuchado o validado, surgen los primeros traumas psicológicos de los cuales se desprenden todos los apegos malsanos de la adultez. Desde que nacemos, vamos viviendo ciclos como la niñez y la adolescencia, en la que empezamos a experimentar ciclos que se van abriendo y cerrando, como los noviazgos o las etapas académicas. Luego se nos comienza a complicar la vida, cuando nos vemos obligados a vivir ciclos de dolor y pérdida, lo que nos conduce al sufrimiento y, en ocasiones, a la desesperación.

El apego es la relación afectiva más íntima y profunda que pueden establecer los seres humanos, pues supone una vinculación duradera e intensa, cuyo objetivo es la búsqueda de proximidad y de seguridad, sobre todo en épocas de amenaza o vulnerabilidad. Desde el punto de vista emocional, el apego se gesta cuando sentimos que la otra persona estará ahí incondicionalmente para cuidarnos y darnos consuelo; de este modo, nace la empatía, la comunicación emocional y el amor. Pero, cuidado, el apego también puede llegar a convertirse en una condición psicológica patológica, nociva y malsana. ¿Qué pasa entonces cuando el apego nos limita, nos coarta y nos encadena a ciclos que evidentemente han terminado, para dar paso a nuestra evolución y madurez emocional? ¿Cómo podemos aprender a reconocer que un ciclo ha terminado cuando ya ha cumplido su propósito y misión?

Haz un escáner de tu alma y siente si la energía que la cobija te construye o te destruye; ahí tendrás tu respuesta.

Tengo en mi consulta a un sinnúmero de personas que, inconscientemente, se aferran de una manera malsana y destructiva a ciclos que dejan de ser virtuosos, para convertirse en viciosos, tóxicos y tortuosos, pero, aun así, las personas tienen tanto miedo de soltar, aceptar y dejar ir, que se autoencadenan a etapas, personas y situaciones que ya no les aportan serenidad, paz y bienestar. Tu libertad será real cuando te atrevas a romper las cadenas emocionales de las cuales tú mismo te has hecho esclavo.

El agua de un río cristalino es aquella que corre y se oxigena; el agua estancada es aquella que se va pudriendo: se vuelve turbia, envenena e intoxica. Ocurre lo mismo con las relaciones: cuando son cristalinas y puras, te nutren y te alimentan, pero, cuando no son genuinas ni auténticas, se manchan de mentiras, engaños y conflictos, que van gestando telarañas de desamor, desde donde nacen la agresividad y la irritabilidad. Cuando las relaciones han cumplido su ciclo, se convierten en cárceles emocionales para los cobardes que se quedan ahí por temor a atravesar el túnel del dolor, de la rabia y de la impotencia. Otras almas se quedan en la relación de una forma un tanto cínica, jugando a dos bandos y dañando a almas buenas, por su incapacidad de ser honestas y de salir por la puerta grande de la honradez y la dignidad.

Decir adiós es crecer; es renunciar a la conducta de autodestrucción. Puedes elegir atesorar lo vivido y aprendido para que, de este modo, alcances la sabiduría y la transformación personal.

Cerrar un ciclo no es sinónimo de fracaso, sino de evolución, aprendizaje y sabiduría; cerrar un ciclo debe llevarnos a honrar lo vivido y a agradecer por lo atesorado en el alma.

Cerrar un ciclo vital de un ser querido cuando parte de este mundo es una experiencia que, aunque es desgarradora, nos deja el alma llena de perlas que forman un bello collar valiosísimo de vivencias profundamente sentidas en el alma.

Cerrar un ciclo de un matrimonio que termina, en ocasiones, nos deja el tesoro de los hijos, que son el legado más preciado y representa lo sagrado que fue el vínculo cuando de él brotaron las vidas de nuevos seres humanos.

Cerrar un ciclo de una relación amorosa que termina, pues ya cumplió su propósito, es soltar y bendecir a aquella persona que nos acompañó y nos brindó lo mejor que supo y lo mejor que pudo. Cuando llega ese momento en el que cada uno siente que quiere emprender un nuevo vuelo, quedarán los recuerdos que nutren y llenan el alma, pues nuestra existencia se sostiene en los recuerdos que reposan y consuelan nuestro ser.

Cerrar el ciclo de un trabajo, aunque nos atemorice, nos abre a un sinnúmero de posibilidades de exploración de nuevos talentos y retos en la vida profesional.

Ver volar a los hijos del nido nos deja un vacío en el alma imposible de llenar; sin embargo, verlos alcanzar sus sueños y lograr sus metas nos proporciona una gran satisfacción emocional, porque simboliza la cosecha de aquello que sembramos y regamos por tantos años con un amor infinito e incondicional.

Por todo esto, soltar, dejar ir y aceptar es honrar y dignificar lo vivido. Aunque hayamos experimentado sufrimiento, es fundamental apelar a las alegrías; aunque hayamos dolido y llorado, recordemos las risas y las caricias en el alma y en la piel; aunque hayamos intentado desesperadamente aferrarnos a lo que fue y ya no es, la aceptación, rendirnos ante la realidad y dejar de luchar contra ella nos llevará a la paz interior.

Las pérdidas conllevan un duelo que hay que vivir y ese duelo tiene etapas. La primera es la negación y el intento de retener lo que no queremos soltar, pues estamos enfrascados en el ego. La segunda etapa es la rabia y el dolor intenso, pues estamos atravesando el miedo al abandono, a la soledad y el temor a no volver a encontrar algo igual o mejor a lo perdido. El crecimiento personal nace de atrevernos a apelar a la valentía buscando en nuestro interior la poderosa fuerza de nuestro espíritu resiliente e imparable. Llegaremos entonces así a la tercera etapa, la aceptación, en la que encontraremos las herramientas espirituales para despedirnos con serenidad, respeto y gratitud, pues todo lo vivido, aunque nos haya alegrado o entristecido, es un eslabón sagrado que forma parte de una cadena valiosa de aprendizajes que harán de ti un ser cada vez más completo y grandioso.

Desde un punto de vista psicológico, el daño que provoca una infidelidad en el bienestar de una persona, o el control y la manipulación que implica el hecho, es considerado un tipo de violencia doméstica. Cuando una persona incurre en un acto sexual fuera del matrimonio o de la relación sostenida, sin el consentimiento de la pareja, hay un daño emocional irreparable y profundamente traumático para la víctima. Esta situación puede también implicar un abuso económico, debido a que se dirige el dinero de la pareja hacia actos de adulterio.

Frustración, gran dolor y un enorme sentido de pérdida son las consecuencias por las que se relacionan la violencia doméstica emocional y la infidelidad. La violencia doméstica implica manipulación, provocación de miedo y codependencia. Mientras, la infidelidad tiene que ver con la falta de compromiso o con una situación en la que la persona desleal no está conforme con la monogamia, bien sea porque prefiere honrar sus vicios, por una adicción a la seducción o por inmadurez emocional.

El impacto emocional de descubrir una infidelidad puede abrir las puertas a actos violentos, pero no todo agresor es infiel y no todo infiel es agresor. La relación entre la infidelidad y la violencia doméstica depende del contexto en el que se dé, de cómo se descubra la infidelidad, de qué manera ocurra y de la intención del adúltero o la adúltera.

La persona no necesariamente busca herir o humillar a su pareja. Asimismo, no es lo mismo ejercer el acto de infidelidad con intenciones de hacer un daño y sabiendo que será descubierto a hacerlo y pensar que la otra persona nunca se va a enterar. Pero, por desgracia, no es así.

Yo experimenté de manera sistemática, durante la relación de pareja y el matrimonio, continuos actos de infidelidad, que generaron en mí un daño irremediable de carácter psicológico. La violencia psicológica es una violencia invisible, pero mucho más marcada que las violencias físicas; lo sé por experiencia propia, pues he vivido las dos agresiones en mi alma, en mi cuerpo y en mi piel.

No te quedes en el dolor; no te estanques en la sensación de fracaso; no te ates al odio ni el resentimiento; mantén tu frente en alto y tu dignidad, aunque tengas el corazón roto y malherido, aunque te hayan engañado, traicionado o no te hayan valorado.

Recuerda que cada alma tiene un contrato divino que debe cumplir. Ese contrato se basa en si tu maestría espiritual, es decir, aquello que más pesa en tu vida, es lo que necesitas vivir para llegar a tu iluminación y tu esclarecimiento.

Soltar, dejar ir y aceptar es tu asignatura espiritual pendiente; así que suelta, deja ir y acepta, pues la vida te da personas, saberes y cosas que luego se van para recordarte que nada ni a nadie posees. No olvides que nunca está más oscuro que antes de amanecer... El mundo será un lugar más sereno cuando las personas elijan salir dignamente de aquellos ciclos de enfrentamientos llenos de corrientes subterráneas de hostilidad. Reconocer el momento oportuno para soltar, dejar ir y aceptar es darle paso a la paz interior, la amistad y la fraternidad en cualquier relación de nuestra vida. La vida es una colección interminable de pérdidas que solo adquieren valor cuando te dejan un valioso legado de aprendizaje y sabiduría. ¡Soltar es crecer!

Es fundamental que este relato genere en el lector una consciencia de cómo las sombras del ser humano, cuando se reprimen y no se afrontan para comprenderlas, llegan a tener tanto poder que destruyen los vínculos más sagrados; en este caso, la sombra de la vanidad de quien hoy ya es mi exmarido, con las características que de su personalidad se derivan y, en mi caso, mi dependencia emocional, con las características que de mi personalidad se derivaron.

El fracaso debe convertirse en crecimiento personal y en un proceso de evolución que lleve a las personas a una toma de consciencia a través de la cual partan procesos de transformación personal. Este es el único camino hacia la construcción de vínculos sanos y trascendentes.

A Shakira le agradezco que nos deje tocar en su arte, su vulnerabilidad y la fragilidad del alma humana...

A las almas heridas, traicionadas, engañadas y desilusionadas las invito a que lloren con dignidad la pérdida de las expectativas de aquello que soñaron que fuera y no fue… Las invito a no quedarse presas de sus heridas, pues soltar una rosa cuando te aferras a sus espinas solo te trae más dolor aunque, simplemente, intentes ver sus bellos pétalos.

Mi píldora para el alma

Dejar ir y soltar es tu mayor bendición, pues te abre a un mundo de nuevas posibilidades y a la conquista de tus sueños e ilusiones. ¡Decir adiós es el mejor regalo que puedes darte jamás, pues es el camino sagrado que te conduce al destino más hermoso: tu libertad! Así que despídete con tu frente en alto, ¡crece, agradece y libérate!

Meditación. Tus sombras

¿Qué es gaslighting? Un tipo de manipulación emocional

6.9. HERIDAS ACTIVAS

¡No duele para que sufras! ¡Duele para que cambies! Que tu dolor no esté carente de sentido, pues no te duele para que sufras; te duele para que cambies. No podemos elegir una vida sin sufrimiento, pero sí podemos elegir qué hacer con él.

Nuestras sombras se alimentan del miedo que nace de las heridas que tenemos en nuestro interior. Cuando tenemos heridas que aún están activas, tratamos de taparlas y ocultarlas detrás de nuestras máscaras, para que no sean vistas por los demás, pues queremos disimular ante el mundo nuestra vulnerabilidad, nuestro dolor y fragilidad humana. Gran parte de nuestro desarrollo espiritual, de nuestra evolución y de nuestro trabajo de transformación depende del filtro con el que vemos o interpretamos nuestras heridas procedentes de la infancia y la adolescencia. Las heridas de nuestra historia que están activas son el principal filtro que empleamos para ver el mundo que nos rodea y para vincularnos con él. Nuestros problemas psicológicos, nuestras luces y nuestras sombras, las máscaras que usamos tras nuestra personalidad, todo esto se va tejiendo como una especie de ADN emocional con los hilos que se van desprendiendo de nuestras heridas. Cada una de nuestras heridas se queda incrustada en nuestra alma, como un mensaje recibido en nuestra infancia, adolescencia o etapa adulta, y esas son las pistas que debemos seguir en la ruta de navegación hacia nuestra plenitud y libertad interior.

Debemos buscar el sentido del sufrimiento, para así salir de la desesperación que nos paraliza y encontrar la voluntad de ese sentido; es decir, la misión espiritual y trascendente de cada una de nuestras heridas.

Elige un lindo cuaderno para que sea tu «cuaderno sagrado» y anota todas tus reflexiones; haz un escáner del alma para descubrir esos dolores que aún te estremecen cuando los recuerdas. Encuentra así cada una de tus heridas activas, especialmente las de tu infancia y adolescencia.

Una vez hecho eso, intenta encontrar el sentido a cada una de esas heridas. Y, para hacerlo, busca en tu interior cuáles fueron esos aprendizajes espirituales que surgieron de esas experiencias, como la valentía, la resiliencia, la reflexión, el crecimiento personal y el perdón, entre otros. Vamos a ver un ejemplo: yo fui victima en mi infancia y adolescencia del abandono por muchos de mis afectos más cercanos; esa experiencia me llevó a buscar en mi interior la fortaleza, la valentía y la resiliencia. Después, aprendí a sentir empatía y a comprender cómo se sienten el resto de los niños que han vivido esa experiencia. Por esta razón, ahora dedico mi vida adulta a desarrollar programas de crecimiento humano y de espiritualidad, de manera que todas las personas que sientan el dolor que yo sentí puedan encontrar el camino hacia la sanación y la liberación de su sufrimiento. Este es el sentido que le encontré a esa herida que ya no está activa en mi interior, pues las heridas sanan cuando les encuentras un sentido. Tuve que identificar mis heridas, reconocerlas, sanarlas, encontrarles el «para qué», es decir, el objetivo trascendente y valioso y luego, desde ahí, pude construir una huella de sentido a través de esas heridas que estaban activas.

¿Qué es aquello que temes perder si sanas? Recuerda que el falso maestro es aquella persona o situación que te hizo adquirir una creencia limitante o una barrera oculta que te coarta y te limita para alcanzar aquello que tanto deseas. Vamos a ver otro ejemplo: en tu infancia tuviste a un padre que fue descalificador, crítico y juez; que te decía que lo que hacías o cómo lo hacías no era suficientemente bueno o perfecto para él. Este mensaje recibido en tu infancia, o este falso maestro, creó en ti una creencia limitante o una barrera interna que hace que, en tu etapa adulta, esa herida se active y sea interpretada por ti con una sensación de incapacidad, inseguridad e incompetencia en tu vida laboral o afectiva. Tu padre y la situación que viviste, como choques emocionales, son tus falsos maestros.

Es el momento de que reconozcas cada una de tus heridas activas, cuándo y cómo se abrieron en tu alma y quiénes fueron tus falsos mentores. Después, elige tu ruta de navegación hacia la sanación.

Mi píldora para el alma
Todo puede herirte, pero nada te puede matar.

No duele para que sufras, duele para que cambies

Libertad es lo que tú haces con lo que te han hecho

6.10. AMOR PROPIO Y AUTOCONCEPTO. BRILLO INTERIOR

De nuevo, encerrada, sin ropa, en uno de esos tubos metálicos que se asimilan a un ataúd; así lo había percibido siempre que entraba en esa espantosa máquina de la resonancia magnética. Llevaba ya una hora ahí metida, en una de esas gélidas habitaciones de hospital en la que nos prestan mantas para intentar calentarnos el cuerpo y el alma. Las piernas me temblaban de nuevo, pero esta vez ya no era de miedo, pues algo poderoso había ocurrido en mi interior: mis miedos, mis traumas, mis inseguridades se habían disipado; esta vez, mi temblor era diferente. Ya esa sensación tenebrosa no emanaba de mi alma; esta vez era, simplemente, una experiencia física temporal que pasaría con un poco de abrigo.

Comparto este relato como testimonio de que, solo cuando nos atrevemos a luchar con valentía y a desafiar nuestros monstruos, miedos e inseguridades, logramos someterlos; eso no quiere decir que no los vayamos a volver a encontrar. Cuando encuentras tus miedos más paralizantes, los afrontas y les muestras lo valiente que eres capaz de ser. ¡Ya ganaste la batalla!

Yo, durante toda mi vida, me he sentido una persona temerosa, con los traumas que representan mis heridas de guerra, con las inseguridades que han sido los negros carbones de mi diamante interior, con mi sistema nervioso desconfigurado por el cansancio emocional de vivir en modo amenaza o supervivencia. Lo paradójico de todo esto es que el mundo siempre me percibe como una mujer empoderada, fuerte, guerrera y valiente, que jamás se da por vencida; una mujer que, aun entre la trinchera de la más dura de las batallas, seguía sin desfallecer.

No importa morir y caer al suelo reventado en mil pedazos; no importa llorar hasta que se nos deshidrate el alma y la piel pues, incomprensiblemente, el espíritu humano es capaz de levantarse y restaurarse de nuevo, desde su invencible fuerza interior, siempre y cuando decida afrontar la adversidad y no entregarse sometido a ella: cada victoria personal es una decisión de vida; no es un regalo que cae desde el cielo.

No pienses jamás que quienes lo hemos logrado hemos tenido suerte, o que hemos ganado la lotería de la vida. ¡No! ¡De esto nada! La victoria personal es una combinación entre actitud resiliente, lucha constante, trabajo incansable, templanza inquebrantable y mucha fe, para no soltarnos de la mano de Dios.

Para brillar desde mi interior, tuve que aprender a trasegar por valles de oscuridad; para abrazar el dolor hasta sanar, tuve que reconocer cada una de mis heridas y acariciarlas hasta verlas convertidas en cicatrices; para abrir mis alas y volar, tuve que sufrir una metamorfosis parecida a la de las cigarras que, para transformarse en adultas, pueden permanecer hasta diecisiete años bajo tierra.

Para que la naturaleza forme un diamante, han de pasar entre mil y tres mil trescientos millones de años, en condiciones de presión muy alta y elevadísimas temperaturas, a profundidades de entre ciento cuarenta a ciento noventa kilómetros, de ahí su gran valor. Por eso, este relato te ha enseñado cómo nuestras almas son carbones puros, con el potencial de convertirse en diamantes.

«Diamante» procede de la palabra griega *adámas*, que significa 'invencible' o 'inalterable'; por eso mi metáfora aquí plasmada habla sobre el legado espiritual de percibir y comprender tu alma como «invencible» e «inalterable», al igual que el más puro diamante.

Brillar desde tu interior es tu más trascendente tarea espiritual, excavar en tus entrañas es la misión más importante de tu vida, encontrar tu diamante y pulirlo es tu victoria personal.

Mientras escribía estas líneas, uno de mis lectores desconocidos me contacta vía Instagram con el mensaje que podrás leer a continuación. Esto te lo comparto con el propósito de que seas consciente de que todas las almas tienen el poder infinito de brillar desde su interior, pero no conocen ningún método que les muestre el camino, con lo cual, en ocasiones, pasan por la experiencia humana dando tumbos y encadenadas al dolor, por no saber cómo salir de la oscuridad para llegar a su iluminación.

Lector

Hola, Paula:

Soy tu lector. No me conoces, pero te contacto por aquí sin saber si leerás mi mensaje. Hoy no sé cómo surfear las situaciones por las que paso. Leí una columna tuya ayer de lo que te sucedió en España y me reconfortó: hoy paso por la situación más difícil de mi vida.

… ¡Hasta he pensado en quitarme la vida!

Ayer la leía, pensaba en los milagros y pedía al cielo que sucediera uno en mi vida.

Paula

Gracias por tus palabras. Recuerda que el orden natural del universo es que a cada invierno le llega su primavera. Resiste y aprende aquello que el dolor vino a enseñarte. Decide: «¿A quién le harás caso? ¿A tu guerrero o a tu saboteador? ¿Quién quieres ser?».

Desbloquea tu potencial y ¡confía!

Lector

¡Gracias! ¡Gracias! ¡Gracias por responderme! ¡No pensé que lo fueras a hacer!

Gracias, soy lector tuyo; he comprado tus libros y te admiro.

Gracias infinitas…

Paula

Dios está contigo. Búscalo en tu interior; no lo busques fuera de ti…
Estarás en mis plegarias; no te des por vencido: que debes alzar el vuelo
y fundirte con el ave fénix… Además, ¡viene un libro mejor! ¡Te gustará
leerlo!
Anímate.
Desdramatiza.
Ponle humor.
Lucha.
Logra tu victoria personal puliendo el diamante de tu alma.

Lector

Gracias, Paula; gracias de verdad. Te deseo lo mejor.
Un abrazo

Paula

¡Lo mejor está por venir!
¡Nunca está más oscuro que antes de amanecer!
Y, si te quitas la vida, ¿cómo podrías ver ese amanecer?
¡Levántate con fuerza y respóndele a la vida, que ella te está preguntando cómo de fuerte eres para llegar a ser!
Te regalo mi píldora para el alma: «Llegará el día en el que puedas abrazar y agradecer tu herida más grande, comprendiendo que fue el punto de partida hacia tu transformación y tu liberación».

Finalmente hicimos un pacto: que él rezaría por mí, por un milagro que le estoy pidiendo a Dios, y yo rezaría por él, para que encontrara la fortaleza que necesita. Ya, al final de nuestra conversación, su esperanza se hacía presente en su alma.

Hoy me pregunto: «Si un diamante tarda tres mil trescientos millones de años en formarse y cristalizarse, ¿cuánto tiempo tardó Dios en crear el alma del ser humano?».

Si un diamante es el material más valioso de la tierra, el alma es, por tanto, lo más valioso del ser humano. Entonces ¿no debemos cuidarla y pulirla igual que como se pule un diamante?

¿Por qué las personas cuidan más lo material, lo efímero, lo fútil que lo verdaderamente importante de la existencia humana?

Para que haya paz en el mundo, debe haber paz en tu alma; para que haya paz en tu mundo, debes encontrarla primero en tu interior; para poder brillar desde tus entrañas, debes pulir las 10 facetas del alma, igual a como se pulen las 10 facetas del diamante para que pueda brillar.

¿Dónde estabas tú hace tres mil trescientos millones de años? ¿Dónde estarás en tres mil trescientos millones de años? Si un diamante es prácticamente indestructible e invaluable, ¿cuánto más será tu alma?

¡El alma no se crea ni se destruye!

El alma, simplemente, es.

Es lo absolutamente único, eterno, infinito y puro, como Dios mismo; el alma es la presencia de Dios en la tierra, en un cuerpo que se le asigna para tener una experiencia temporal y terrenal. El alma es incorruptible, indestructible; si pudiéramos apartarnos del cuerpo y quedarnos solo viviendo en el refugio de nuestra alma, quizá comprenderíamos que somos solo eso: alma.

Entonces, solo así, el ser humano sería capaz de trascender las absurdas y atroces manifestaciones del ego; el ser espiritual sería capaz de no matar, de no lastimar, de no autodestruirse, de no quedarse encerrado en el dolor; sería capaz de elevarse tan alto hasta no necesitar ni cuerpo ni mente, pues comprendería que nada, absolutamente nada en este mundo terrenal, tiene valor: solo lo espiritual, lo perpetuo.

¿Quieres dejar de sufrir? ¿Quieres encontrarle el sentido a tu vida? ¿Quieres sanar tus heridas? ¿Quieres brillar desde tu interior?

Emprende ese viaje de regreso hacia tu alma, aléjate del mundo, aquieta tu mente, desapégate de lo material y de los afectos que no te construyen como mejor ser humano.

Llora y duele; duele y llora lo que sea necesario, hasta que comprendas que todo aquello por lo que sufres desaparecerá de tu vida y de eso no quedará ni el rastro: que, al final del todo, solo quedará tu alma, tu esencia.

Nuestra vida terrenal tiene fecha de caducidad; nuestro cuerpo también; nuestras relaciones afectivas más fuertes también; nuestro cargo profesional; nuestra salud; nuestras pertenencias: todo se termina, todo. Entonces, ¿qué sentido tiene gastarnos la vida aferrados obsesivamente a todo esto que va a terminar tarde o temprano, cuando solo tenemos el alma?

¿Y si mejor empezamos a cuidar de ella, a limpiarla y a pulirla, hasta hacerla resplandecer? ¿No podríamos alcanzar así la verdadera felicidad y trascendencia?

Todo, absolutamente todo lo que amas, te será arrebatado; nada ni a nadie posees. En tan solo cien años, ya no serás habitante de esta tierra; solo quedará tu alma. Es, en ese universo interior, en el que te invito a permanecer, pues recuerda que tu libertad será real cuando aprendas a bajar del refugio de tu alma, camines por el mundo de tinieblas que te rodea y, aun así, puedas mantener tu propia luz.

Una mañana, de repente, me levanté y ya mi alma no dolía ni sangraba. Esa mañana me percaté de que, al perderlo todo, me había ganado a mí misma y fue entonces cuando tanta vulnerabilidad, tanto dolor y tanto miedo se empezaron a derretir, como se derrite la nieve en el sol de la primavera. Fue ese el momento perfecto en el que los rayos más luminosos e intensos que haya visto jamás penetraron en cada una de las facetas de mi diamante interior.

Me sentía fuerte e inquebrantable, como un diamante; bella y luminosa, como un brillante blanco y puro. Me sentía sana y cristalina; me sentía valiosa, como la mejor joya de una corona real. Mi corazón se había restaurado y era, de nuevo, un corazón de carne que latía vigoroso, que ya no estaba necrosado; era capaz de palpitar con tanta fuerza que irrigaba la sangre más viva a cada célula de mi ser.

No era consciente del actuar de Dios en mi vida; le había gritado una y mil veces: «Señor, ¿por qué me has abandonado? ¿Por qué, desde que todos se marcharon y de repente me quedé sola, tirada en una esquina del destino, no comprendo nada, no veo nada y la oscuridad me ha dejado aparentemente ciega?».

Pero fue ese el momento sagrado de mi transformación y mi liberación; fue ese el instante en el que mis creencias limitantes y mis barreras internas se fundieron con esa nieve que se había derretido en mi más linda primavera. Recordé entonces el bello poema Veronica A. Shoffstall, el cual se manifestó en mi vida:

Después de un tiempo,
uno aprende la sutil diferencia
entre sostener una mano

y encadenar un alma,
y uno aprende que el amor
no significa acostarse
y una compañía no significa seguridad
y uno empieza a aprender.
Que los besos no son contratos y los regalos no son promesas
y uno empieza a aceptar sus derrotas con la cabeza alta y los ojos abiertos y
uno aprende a construir todos sus caminos en el hoy,
porque el terreno de mañana
es demasiado inseguro para planes...
y los futuros tienen una forma de caerse en la mitad.

Y después de un tiempo
uno aprende que, si es demasiado,
hasta el calorcito del sol quema.

Así que uno planta su propio jardín
y decora su propia alma, en lugar
de esperar a que alguien le traiga flores.

Y uno aprende que realmente puede aguantar, que uno realmente es fuerte,
que uno realmente vale y uno aprende y aprende...,
y con cada día uno aprende...

Mi más linda primavera llegó y me llenó de flores el jardín. Llegó la publicación de esta obra en España de la mano de la más prestigiosa editorial. ¡Quienes más sabían de literatura en el mundo habían creído en mi talento! Por fin estar presente en las librerías del viejo continente era mi sueño más grande y se hizo realidad. Llegó a iluminar esta obra el magistral prólogo del icono mundial en desarrollo humano Mario Alonso Puig, llegó la homeostasis del cuerpo y, por fin, estaba sano y recuperado. Llegó un nuevo amor, que me acariciaba los labios y el alma, pero esta vez sí era un amor de verdad; esta vez, el amor auténtico, maduro y trascendente llegó a decorar mi vida, para quedarse...

Volver a amar comenzó por amarme a mí primero. Creer en el amor romántico era la consecuencia de creer en mí primero; elegir a un gran compañero y saber entregarme de modo sano y consciente empezó por elegirme a mi primero; haber diseñado mi mejor versión me había convertido en la joya más linda que había lucido jamás y a la que le entregaría a mi amor, para embellecer también su vida.

Esta es la única manera de brillar desde tu interior, pues buscar la luz en otros hace que corras el riesgo de que tu luz propia se apague.

Dos almas, dos corazones pueden amar y compenetrarse cuando cada una brilla desde su interior para iluminar el sendero del otro.

Mi existencia ya es luminosa y llena de hermosos destellos espirituales que brotan desde mis entrañas pues fue, en la profundidad de mi ser, en donde encontré mi diamante y mi luz interior, y ya nadie la apaga.

«Por tus frutos te reconocerán»; por esto, te invito a hacer esta reflexión diariamente: pregúntate cómo quieres ser recordado cuando ya no estés en este mundo. ¿Cuál es el legado que quieres dejar? Es decir, ¿qué huella de sentido quieres legar al mundo?

En mi vida los frutos más valiosos que estoy disfrutando cada día son mis tres hijos, Verónica, Simón y Valerie, quienes me llenan el alma de felicidad, sentido y trascendencia. Me emociona ver cómo ellos han incorporado en su ADN espiritual los valores que les he inculcado; ellos honran mis valores y viven según los principios de generosidad, ética, honestidad, resiliencia y tenacidad, entre otras virtudes, lo que los hace seres preocupados también por construir un mundo más humano...

Nuestros hijos heredan nuestras luces y nuestras sombras; es, a través de ellos, que vamos dejando una huella en el mundo generación tras generación...

¿Cómo quieres que se hable de ti en casa cuando ya no estés? Empieza a construir ese recuerdo hoy a través de la forma con la que te vinculas con el mundo y de la manera como tocas el alma de cada persona con quien te encuentras cada día.

Que nadie se vaya de tu presencia sin llevarse una linda huella como testimonio de ti en su alma.

¿Cómo creer en el Amor?

7
Los cuatro criterios de calidad para valorar un diamante

L os gemólogos ponemos nuestra lupa en el diamante permanentemente a lo largo del proceso de pulimento, con el propósito de
ir revisando cómo va evolucionando; del mismo modo debemos
hacer cuando estamos puliendo el diamante del alma.

Existen cuatro criterios de clasificación a la hora de valorar un diamante, los cuales son universales y se usan para controlar y regular el
precio.

Estos, que se usan frecuentemente en inglés, son:

Cut – 'talla': que estén talladas a la perfección cada una de sus facetas.
**Nuestra alma también debe ir tallada a la perfección; en este
sentido, es fundamental que revisemos todas las facetas
y no dejemos ninguna sin pulir; de este modo, el diamante
de nuestra alma podrá brillar.**

Clarity – 'pureza': que no tenga carbones o impurezas que impidan
el paso de la luz.
**Mientras vamos revisando cada faceta bajo la lupa,
podremos ir retirando el material que le sobra, las impurezas
y los carbones, que serían las heridas, los traumas,
los resentimientos, los rencores y todas aquellas toxinas
emocionales que lo vuelvan turbio, en lugar de cristalino.**

Color – 'color': que sea blanco transparente, con una leve tonalidad de azul.

En la medida en que vamos puliéndola, nuestra alma se va tornando más transparente y cristalina, y la luz puede pasar a través de ella para iluminarla.

Carats – 'peso': el peso medido en quilates.

El peso de nuestra alma se mide en templanza, resiliencia y sabiduría.

Los cuatro criterios que cuido al pulir el diamante del alma son:

Calidez humana – que la persona viva desde su alma y sus virtudes espirituales.

Compasión – que practique la empatía consigo misma y con los demás.

Crecimiento personal – que trabaje con decisión en su desarrollo personal.

Congruencia – que viva una vida basada en la coherencia entre su pensamiento y sus acciones.

8
Diseña una hermosa joya

Una vez has aprendido a tallar el diamante de tu alma y sientes que resplandece desde su interior, pues ha alcanzado su iluminación, podrás entonces encontrar tu llamamiento y tu misión y, de este modo, iluminar el mundo: es el momento de convertir tu dolor en un talento que dé sus frutos. Ha llegado la hora de diseñar la joya más hermosa.

Cuando sientes que has pulido el diamante de tu alma, puedes entonces sentirte satisfecho y feliz, pues has diseñado tu mejor versión: ya estás listo para lucir tu flamante joya terminada en la gala de la vida.

Creo firmemente que una nueva espiritualidad nos llama para transformar el mundo. Hoy, más que nunca, las personas están sedientas de vivir una vida con propósito. En la actualidad, se está dando una conversación universal en todas las esquinas del planeta; hay como una especie de activismo sagrado que contrarresta el caos y la desesperación que se vive simultáneamente. De modo sutil, pero a la vez contundente, las personas se están dando cuenta de que el mundo forma parte de un universo místico, no solamente político, financiero, legal o material. Los más de siete mil millones de personas que habitan el planeta Tierra se han preguntado, o se preguntarán, lo siguiente en algún momento de su paso por esta vida terrenal y temporal: «¿Qué hago aquí? ¿Para qué fui arrojado a la existencia?».

Muchos nos detendremos a pensar y a reflexionar, hasta encontrar el propósito o el sentido de nuestra vida; es decir, nos pondremos en la tarea espiritual de descubrir ese contrato sagrado que debemos honrar, para que nuestra vida deje una huella que contribuya a construir un mundo mejor y más humano. Imagina que se te ha dado una roca deslucida y sucia pero que, si te atreves a hacer todo este arduo pero bello trabajo, al final obtendrás la más linda joya, una vida llena de luz.

Si te preguntas «¿cómo puedo ser útil en tiempos de caos?», es porque ya estás trasegando el camino hacia el esclarecimiento y hacia la toma de conciencia, para comprender que no es el dinero ni el poder y ni mucho menos la protesta o la crítica lo que va a transformar el mundo, sino la espiritualidad vivida de un modo profundo y genuino. Ya estás diseñando la joya de tu existencia.

El mundo no cambia por las protestas violentas de los grupos que se alzan de modo brutal para exigir transformaciones a punta de piedras, gritos o escopetas. Las naciones no progresan matando y asfixiando a sus ciudadanos más indefensos a punta de granadas rellenas de ego envenenado; el mundo cambiará cuando seamos capaces de cambiarlo con nuestro propio ejemplo, pues no se puede pedir amor a patadas, no se puede pedir tolerancia a puñetazos y esto es lo que cada día está reventando a nuestra dolida humanidad en mil pedazos, empezando muchas veces por nuestros propios hogares.

Nuestras familias son como un «atelier del alma», donde se acogen diamantes que esperan para ser tallados y convertidos en obras de arte.

En mis reflexiones, siempre hago énfasis en la responsabilidad que tiene cada uno, desde el lugar en el que esté, de ser útil para la construcción de un mundo fraterno y sereno, pues jamás habrá paz en el mundo si no hay paz en nuestros corazones. La espiritualidad no es solo religión ni la simple repetición de unas plegarias. La verdadera espiritualidad nace cuando tienes tanto valor que te atreves a conocerte con tus luces y tus sombras; cuando te haces responsable de tu transformación personal y diseñas tu joya, para construir tu mejor versión, puliendo el diamante de tu alma; cuando trabajas en ti mismo para destruir el ego que te encadena; cuando sanas tu historia de dolor para liberar tu corazón de resentimiento.

Alcanzas la verdadera espiritualidad cuando tocas fondo, caes de cara al suelo, te despojas de tu ego y te sumerges en el dolor más profundo, en la muerte de tu ser víctima o tu ser resentido, para renunciar a él y, así, convertirte en alguien capaz de iluminar, de brillar y de reconciliarse con cada una de sus heridas. Ese es el arte del joyero de almas y tú eres uno de ellos.

Las almas de toda la humanidad están clamando para que una sola fuerza creadora se manifieste; las nuevas generaciones están rechazando todas las manifestaciones de divisiones religiosas, de exclusiones sociales y de normas morales autoritarias. Todos necesitamos sentir una espiritualidad universal en nuestro interior que no castigue, que no divida, que nos abrace y nos consuele a todos por igual, como a su gran familia global.

Mi invitación de hoy es para que busques en tu interior esa respuesta a la pregunta más importante que te habrás hecho jamás: «¿Cómo puedo ser útil y aportar algo a quienes amo? ¿Cómo puede mi vida ser útil para mi ciudad? ¿Cómo puede mi existencia tener un propósito trascendente para mi nación y, al final, para mi universo? ¿Cómo salir de mí mismo al encuentro de los demás? ¿Cómo puedo tallar el diamante de mi alma, para que brille e ilumine al mundo?». Empieza por hacer este ejercicio espiritual y pregúntate hoy: «¿Qué es aquello que estoy haciendo cada día para donarme al mundo de un modo gratuito y altruista? ¿Construyen vida y prosperidad mis acciones, pensamientos, palabras y elecciones?».

Puedes convertirte en un parásito de la sociedad; puedes convertirte en una bacteria que infecta y enferma el mundo que te rodea o, en cambio, puedes elegir ser una inyección de luz y esperanza que penetra y sana cada una de tus células y que, desde tu ser más profundo, irradie amor, como la luz de un diamante puro y cristalino.

Todos necesitamos vivir un proceso intenso de «metanoia» que, como ya vimos, en griego significa 'transformación' o 'conversión', entendida como una metamorfosis interior que surge del alma cuando nos sentimos insatisfechos con nosotros mismos. Esta palabra también fue usada en la teología cristiana. Representa 'conversión' y 'evolución' cuando el alma tiene un encuentro con su «ser superior» y experimenta, entonces, una revelación divina, una epifanía, un esclarecimiento.

La angustia, la ansiedad, la soledad y el conflicto que vivimos por los dolores emocionales y por las pruebas cotidianas no debe quedarse en un sufrimiento vacío y carente de significado. Nuestra evolución espiritual se dará cuando seamos capaces de transformar el dolor en un sufrimiento fértil que dé frutos. Por ende, es entonces nuestra responsabilidad detenernos para encontrarle el sentido a la adversidad y, así, transformarla en «metanoia», que sería la más valiosa victoria personal y espiritual. Vivimos en un mundo de caos, porque las personas no logran entender que la crisis mundial no es económica ni política ni social; la crisis actual es absolutamente espiritual. La transformación y la sanación personal serán el camino que nos conducirá a una nueva era, en la que las personas ya no busquen el entretenimiento y la satisfacción de sus sentidos, sino la plenitud vivida profundamente en el alma. Por eso mismo, la espiritualidad es la única medicina sagrada para curar nuestra quebrantada humanidad.

El mundo no es un lugar material visible en caos; el mundo es un lugar por donde pasan temporalmente las almas de las personas que luchan por alcanzar su evolución espiritual, aunque no lo veamos. El diamante de tu alma es la joya más preciada que tenemos.

Mi píldora para el alma

Tu vida solo puede ser útil si sales del mundo de las tinieblas que te rodea y que, a veces, has creado tú mismo, para construir un ser capaz de iluminar tu entorno con tus acciones, tus palabras y tus pensamientos.

Decide renunciar a la protesta, a la crítica, al resentimiento, al victimismo y empodérate espiritualmente para donarte a los demás y ofrecer la mejor versión de ti. El mundo no cambia con tus protestas ni tus agresiones; el mundo cambia con tu ejemplo y tus acciones.

Tienes en tus manos un libro que llenará tu alma de plenitud y evitará que caigas en la indigencia emocional y la desnutrición espiritual; se convertirá en tu antídoto contra el vacío existencial. Tienes en tus manos un diamante, una joya espiritual.

9
Engasta tu diamante

Los diamantes deben ser colocados sobre la base de oro, para poder armar la joya; esto se logra mediante el engarzado o el engastado, que es un procedimiento artístico a través del cual el orfebre experto une la piedra preciosa con el metal precioso, para crear una joya de alta joyería.

El engaste tiene dos propósitos: dar seguridad al diamante, para que este no se caiga y esté bien sostenido, y realzar su belleza, de tal modo que la luz pueda penetrar por todas las facetas para hacerlo brillar.

Si no has pulido bien tu diamante, al engastarlo en una joya, este no brillará.

Pregúntate qué decisiones estás tomando para construir tu felicidad y tu libertad interior cuando lloras muchas veces el mismo dolor pues, si no cambias tu ruta de navegación, tus lágrimas se volverán un río que inundará siempre el mismo pozo de dolor.

Para llegar a la comprensión de cómo se da este proceso, he creado una denominación titulada «homeostasis del alma». «Homeostasis» significa, científicamente, 'estado de estabilidad'. Es una propiedad de los organismos que consiste en la capacidad de mantener su condición interna estable, compensando los cambios de su entorno; es decir, que es una propiedad del organismo que consiste en la capacidad de mantener el equilibrio interior, mediante el intercambio regulado de materia y energía con el exterior. Se trata de una forma de equilibrio o balance que es posible gracias a una red de sistemas que logran la regulación propia en los seres vivos. Un ejemplo de homeostasis podría ser la autorregulación de la temperatura corporal. Todo organismo busca el restablecimiento del equilibrio interno cada vez que este es alterado. Estos desequilibrios internos pueden darse tanto en el plano fisiológico como en el psicológico. Otra de las propiedades de la homeostasis de los seres vivos es la eliminación de sustancias tóxicas para así lograr la estabilidad y el equilibrio biológico.

Cuando vemos un bello diamante tallado a la perfección, reconocemos en él el balance geométrico y estructural; cuando lo vemos engastado en una joya, reconocemos el equilibrio estético y artístico elaborado por las manos y la creatividad de maestros que han tardado tiempo y dedicación para lograr la calidad, el equilibrio y la perfección.

Mi propósito espiritual a través de este manuscrito es acompañarte a descubrir la infinita capacidad de la homeostasis que posee tu alma; cuando la descubras, será tu fuente inagotable de equilibrio interior, plenitud y, por ende, de felicidad.

¡Podríamos hablar entonces del proceso de homeostasis del diamante de tu alma!

No te desgastes buscando fuera, en el mundo, lo que puedes encontrar en tu interior. Tu alma es una reserva inagotable de virtudes espirituales que, lastimosamente, permanecen ocultas a las personas del común, tal y como sucede con las minas lejanas y profundas que se encuentran en un remoto lugar de África, de donde se extraen, desde hace muchísimos años, invaluables y bellos diamantes. Encontrar las riquezas espirituales depositadas en el alma te hará un «millonario espiritual» y te ocurrirá lo mismo que le sucedió a aquel mendigo que permanecía al borde de la carretera buscando un tesoro desde hace años, sin percatarse de que estaba sentado sobre un baúl que contenía riquezas incalculables. De algún modo, todos estamos sentados sobre ese baúl. Sin darnos cuenta, todos vamos recorriendo el mundo, corriendo exhaustos como si nos persiguiera un tranvía y, cuando regresamos a casa, a nuestro refugio interior, nos damos cuenta de que ahí yacía nuestro más valioso tesoro. Desde el inicio de nuestra existencia, todas esas riquezas son las del alma que están ocultas al ojo del buscador.

Mira en tu interior:
¿Qué es lo que estás persiguiendo hoy?
¿La riqueza material o la abundancia espiritual?.
Al final de tus días, esto último es lo único que te llevarás
en tu equipaje perpetuo; no hay espacio para nada más...
Tu libertad será real cuando rompas las cadenas invisibles
de las cuales tú mismo te has hecho preso.

Despedida

He sentido impotencia durante tantos y tantos años... He estado décadas enteras acumulando rabia, dolor, insatisfacción...; sintiéndome frustrada por no haber podido avanzar y evolucionar, intentando dejar atrás a toda costa una vida que duele, como si los avatares de la vida me ganaran o me hubieran quitado la alegría y, de alguna manera, culpando a los demás por limitar mi crecimiento.

Sentí ese vacío existencial muchas veces y hasta caí en la autoexigencia y en la falta de piedad conmigo misma. Llegué a ese punto en el cual el cansancio emocional me recordaba todo el tiempo que no era feliz. Tantos estudios y tanta búsqueda de excelencia, pero yo me limitaba en mi sentir y me volvía cada vez más insensible. Estaba presa de la carrera de la vida.

A mis cincuenta y cuatro años me pregunté quién era y cuál era mi camino. Había perdido la alegría, la espontaneidad, la chispa y hasta lo coqueta que era, para volverme una persona rígida que solo perseguía objetivos y mi propia realización. Me olvidé de vivir y de todo lo bonito y valioso que nos sucede al margen de la planificación. Estaba dejándome la vida y mi esfuerzo en la planificación y en el «debo hacer», «debo lograr», «debo ser», «debo», «debo», «debo»...

Las obligaciones autoimpuestas y los autojuicios me estaban llevando a ser una juez implacable conmigo misma. Me estaba esforzando por construir un envoltorio perfecto y olvidándome de vivir, de gozar, de divertirme, pagando un precio muy elevado. El desgaste de la vida viene de estar viviendo en el futuro o en el pasado; olvidamos cómo conectar con el pasado, a veces quedándonos enfrascados en lo que los demás esperan de nosotros.

Había construido a una mujer de hierro, aparentemente una guerrera que no era vulnerable, sacando incluso mi parte masculina; una mujer que podría resistir todo, que tendía a anular a aquellos hombres que pasaban por su vida.

Empecé a comprender, poco a poco, que podía quitarle presión a mi vida. Había tenido tantos encuentros con la impotencia y el dolor que, sin darme cuenta, me estaba autodestruyendo mientras trataba de volverme más fuerte y guerrera por haber nacido en una familia disfuncional que tenía unas creencias totalmente diferente a las mías.

Estaba yendo en contra de mi naturaleza, tratando de sobrevivir, de luchar, para sacar mi propia fuerza. Culpaba a todos los afectos de mi infelicidad, sin entender que había nacido en este entorno para aprender, para crecer, para evolucionar. Entendí que no podía culpar al mundo de mi dolor; lo que debía hacer era comprender que, por cada vivencia, pondría a prueba mi resiliencia y la poderosa fuerza de mi espíritu. Mi madre me había causado mucho dolor, pero un día comprendí que ella no lo entendía, que no era consciente de mi sufrimiento, así que me preguntaba: «¿Cómo puede alguien causarte tanto mal y no darse cuenta?». Antiguamente, por ejemplo, los padres les pegaban a sus hijos y, en sus creencias, eso era normal; no se lo cuestionaban, porque era parte de su realidad y de la herencia de sus ancestros.

Mi padre había tenido un dolor y un trauma muy graves; él sabía que la más fuerte de mi familia había sido yo. Mi padre se había sentido triste en el fondo de su alma; había tenido una vida con mucha dificultad y, a pesar de que económicamente lo había logrado todo, se sentía ansioso, apenado y solitario. Mi padre había sido un joven solitario y guerrero, a la vez que había perdido a su padre en la adolescencia, y eso había supuesto un trauma para él. Yo estaba enfadada con mis padres, pues me sentía abandonada y desprotegida, pero no entendía de dónde venían sus acciones. Después comprendí que procedían de sus propios traumas: ellos no tenían herramientas ni capacidad para gestionarlos; por tanto, suponían una daga atravesada en su vida. Ellos, mis padres, necesitaban que los liberara, pues una cosa es el enfado y, otra, el desprecio.

Papá:

Hoy quiero liberar tu alma y decirte que, aunque en algunas ocasiones no fuiste el padre que yo esperaba y necesitaba, te amo y siento solo gratitud por haberte tenido como el padre generoso inteligente y divertido que fuiste. Gran parte de lo que soy te lo debo a ti y a la bondad de tu alma.

Siento mucho que tuvieras que sufrir tanto; hoy comprendo que, por tu historia de dolor, no estabas disponible para mí, aunque fuiste amoroso y muy generoso. Lo hiciste lo mejor que supiste, así que hoy te honro y te agradezco por haberme dado la vida. Te abrazo espiritualmente y te dejo ir; te libero y solo quiero que descanses en paz en tu encuentro con Dios Padre.

Mamá:

Tú y yo hemos tenido una historia devastadora de dolor en la que me sentí abandonada, maltratada, abusada, insultada, violentada, despreciada y jamás valorada por ti durante mi existencia. A pesar de los miles de intentos por llegar a tu corazón, jamás pude hacerlo; sentía que era de piedra. Me hubiera gustado que me hubieras abrazado al menos una vez cuando te busqué y no estabas disponible. Me hubiera gustado que me hubieras comprendido cuando intenté contarte cómo me sentía, pero no me escuchaste y solo me gritaste con violencia y autoridad. Me hubiera gustado que, al menos una vez en mi vida, me hubieras dado siquiera un beso, me hubieras dicho un «te quiero» o me hubieras regalado una caricia, pero, en cambio, solo recibí tus órdenes y tu violencia.

Igual que sucede con papá, hoy comprendo que también sufriste mucho en tu infancia, que tampoco tengo conocimiento de cuáles fueron tus traumas, pero seguramente debieron de ser horribles y no tuviste las herramientas para sanar y evolucionar.

Yo, en cambio, sí he tenido esas herramientas y he dedicado mi vida a estudiar, a comprender y a excavar en mi interior para encontrar ese diamante en bruto que todos llevamos dentro. Estoy aprendiendo a pulir mi piedra preciosa interior y sé que no brillará hasta que no aprenda a ver la luz que se esconde detrás de la oscuridad de cada alma.

Hoy quiero y decido ver también la parte luminosa de vuestras historias y de vuestras almas. Hoy quiero abrazar mi dolor y fundirlo con el vuestro, de tal modo que la luz pueda penetrar y convertirlo en un diamante que pueda brillar.

Todas las almas son diamantes en bruto; todas las almas tienen luz y oscuridad. Cuando venimos al mundo, venimos con un contrato para nuestra alma y no lo cumpliremos hasta que no aprendamos que nuestra tarea espiritual es sanar y reescribir nuestra historia, es liberarnos del dolor que nos paraliza, es renunciar a la posición de víctima herida para empoderarnos, lo cual significa hacernos responsables de la actitud con la que nos enfrentamos a aquello que no podemos cambiar.

Me he dedicado durante toda mi vida a poner la lupa en los diamantes para encontrar su belleza y, luego, aprendí a poner la lupa en las almas que también poseen negros carbones. Descubrí que todas pueden brillar si les enseñamos cómo pulirlas para extraer todo aquello que les obstruye el paso de la luz.

Así pulí mi diamante y escribí esta historia en la que se relata cómo trasegué el camino de joyera de piedras preciosas a joyera de almas.

¡Felicidades! ¡Tú también acabas de convertirte en un tallador de diamantes! Has aprendido a pulir el diamante de tu alma y ahora verás cómo brilla y resplandece para iluminar tu existencia y la vida de quienes te acompañan en tu paso por esta vida terrenal y temporal. Te agradezco que me hayas permitido acompañarte en esta travesía espiritual para aprender a pulir las 10 facetas espirituales de tu diamante interior. Ahora, cierra los ojos, envuélvete con tus propios brazos en un profundo y cálido abrazo y dite a ti mismo: «Yo me amo»; «Yo soy valioso, único e irrepetible, como el más hermoso de los brillantes».

Quiero dejar una huella de trascendencia para contribuir en la construcción de un mundo más humano; por eso he dedicado más de dos décadas a la investigación y a mi formación como *coach* de vida y guía espiritual, con el propósito de acompañar a quienes buscan su transformación y crecimiento personal.

Termino esta historia como siempre concluyo mis conferencias en los auditorios, con la analogía de la vela.

Los seres humanos somos como la vela: lo que a la vela la hace vela es el pabilo porque, si no, sería un trozo de cera; lo que al humano lo hace humano es el alma porque, de no tenerla, sería un amasijo de huesos con carne.

La misión de la vela es iluminar, igual que la misión de tu alma.

Si tomas la vela y la partes, ella no pierde su función, pues rota sigue iluminando. Nosotros, los seres humanos, somos como la vela; la vida nos rompe, nos parte y nos quebranta, pero nuestra alma, aun quebrantada, siempre iluminará y brillará con el resplandor de un diamante.

Paula López Espinosa